KB252857

Salesforce Administrator 만들기

세일즈포스 관리자
Salesforce Administrator 만들기

발행일	2026년 1월 20일
지은이	강민수

펴낸이	손상민
펴낸곳	나무와바다
주소	경상남도 창원시 성산구 비음로 50-1
전화	0507-1438-7831
홈페이지	www.indiwriting.com
전자우편	mangocompany@naver.com
출판등록	2017년 11월 24일 제567-2017-000024호

ⓒ 강민수, 2026

* 이 책의 판권은 저작권자와 출판사 나무와바다에 있습니다. 이 책 내용의 전부 또는 일부를 재사용하려면 양측의 동의를 받아야 합니다.
* 잘못 만들어진 책은 구입하신 서점에서 바꾸어 드립니다.

ISBN   979-11-997228-0-4

세일즈포스 관리자
Salesforce Administrator 만들기

현장에서 바로 쓰이는
실무형 안내서를 기대하며

저는 Salesforce 기반 CRM 아키텍처 설계와 데이터 모델링, 자동화 시스템 구축을 전문으로 해온 CRM 엔지니어입니다. 현재 FASTFIVE CRM(전략기획)팀 팀장으로 재직하며, 전사 CRM 데이터 인프라 구축 프로젝트를 총괄하고 있습니다. 영업·마케팅·고객 서비스 전반의 데이터 흐름을 하나의 구조로 설계하고, 조직이 데이터를 기반으로 일할 수 있도록 운영 체계를 만들어가는 역할을 맡고 있습니다.

그동안 저는 Salesforce Architect, Data Model Designer, Flow Developer, PM의 역할을 수행하며 다양한 산업과 조직 환경에서 Salesforce를 설계·운영해왔습니다. 전국 단위 사업자 DB와 부동산 데이터를 통합하는 CRM 인프라를 구축했고, Salesforce Object 모델 설계, REST API 기반 시스템 연동, 데이터 품질 자동화 체계를 구현해 왔습니다. 이전에는 AMADA Weld Tech Korea에서 ICT 그룹장을 맡아 제조 기업 환경에서 Salesforce 개발과 ICT 조직 운영을 함께 경험하며, 데이터 기반 업무 프로세스 혁신을 추진했습니다.

이 책을 집필하게 된 이유는 분명합니다. Salesforce Administrator를 위한 '현장에서 바로 쓰이는' 실무형 안내서가 필요하다고 느꼈기 때문입니다. Salesforce는 단순한 CRM 도구가 아닙니다. 기업의 영업 프로세스, 고객 경험, 데이터 표준, 그리고 운영 방식 자체를 재정의하는 플랫폼입니다. 그만큼 Administrator의 역할 역시 단순한 기능 설정을 넘어섭니다. 데이터 모델, 권한 구조, 자동화, 보고 체계까지 조직의 디지털 운영 구조 전반을 이해하고 설계할 수 있어야 합니다.

이 책은 이러한 관점에서 출발합니다. Salesforce의 구조를 정확히 이해하고, 이를 실무에 적용하며, 안정적으로 운영하는 단계까지 이어지는 전체 여정을 하나의 흐름으로 정리했습니다. 개념 설명에 그치지 않고, 실제 프로젝트와 운영 과정에서 마주했던 문제와 시행착오를 바탕으로 왜 그렇게 설계해야 하는지, 어떤 선택이 장기적으로 안전한지를 함께 설명합니다.

책이 전달하는 핵심 가치

이 책이 전달하고자 하는 핵심 가치는 네 가지입니다.

첫째, Salesforce 구조를 근본적인 개념부터 정확히 이해하도록 돕습니다. Object, Field, Record의 관계, 권한 모델, 자동화 구조 등 Admin이 반드시 알아야 할 핵심을 체계적으로 정리했습니다.

둘째, 실무 중심의 설명을 지향합니다. 기능 나열이 아니라 현장에서 실제로 발생하는 문제를 기준으로 원인과 해결, 그리고 예방 전략까지 함께 다룹니다.

셋째, 프로세스 기반 접근을 통해 업무 흐름·데이터 흐름·권한 흐름을 통합적으로 이해하도록 안내합니다. 실제 프로젝트에서 사용하는 설계 기준과 사고 방식을 그대로 담았습니다.

넷째, 한국 기업 환경에 맞는 사례를 중심으로 설명합니다. SaaS, 제조, 교육, 부동산 등 국내 조직에서 실제로 활용되는 CRM 운영 패턴을 바탕으로, 해외 사례와는 다른 한국형 운영 현실을 반영했습니다.

이 책은 Salesforce Administrator를 비롯해 CRM 운영 담당자, 데이터 모델링 입문자, Flow 기반 자동화 구축자, 영업·CS·마케팅 운영 담당자, 그리고 시스템 기획자와 아키텍트를 주요 독자로 상정하고 있습니다. 특히 Salesforce를 처음 도입했거나, 기존 시스템을 제대로 정비하고 싶은 Admin에게 처음 설계 단계부터 어떤 기준으로 판단하고 관리해야 하는지를 명확하게 제시합니다.

- Salesforce Administrator
- CRM 운영 담당자
- 데이터 모델링 입문자
- Flow(플로) 기반 자동화 구축자
- 영업·CS·마케팅 운영 담당자
- 시스템 기획자 및 아키텍트

책을 통해 얻게 되는 것

이 책을 통해 독자 여러분은 Salesforce를 기능이 아닌 구조로 이해하게 될 것입니다. 표준 오브젝트 기반의 데이터 모델링 역량을 갖추고, 권한·보안·Sharing 모델을 안정적으로 설계하며, Flow 자동화의 원리와 베스트 프랙티스를 실무에 적용할 수 있게 됩니다. 나아가 ERD, 보고서와 대시보드 설계, 데이터 품질 관리까지 Administrator 업무 전반을 하나의 체계로 정리할 수 있을 것입니다.

- Salesforce 구조를 원리 중심으로 이해

- 표준 오브젝트 기반 데이터 모델링 역량 확보

- 권한·보안·FLS·Sharing 모델을 안전하게 설계

- Flow(플로) 자동화의 원리·반패턴·베스트 프랙티스 습득

- 한국 기업 환경에 맞는 CRM 운영 기준 정립

- ERD·보고서·대시보드 설계·데이터 품질 관리 등 Admin 업무의 전체 영역을
  실무적으로 정복

이 책이 Salesforce Administrator로서의 첫 설계서이자, 현업에서 반복해서 펼쳐보게 되는 기준서가 되기를 바랍니다.

저자 강민수

강민수

FASTFIVE — CRM(전략기획)팀 팀장(2022.09~현재)
- Salesforce Architect /Data Model Designer /Flow(플로) Developer /PM
- 전국 단위 사업자 DB 및 부동산 데이터 통합 CRM 인프라 구축
- Salesforce Object(개체) Model 설계
- REST API 기반 통합·데이터 품질 자동화 체계 구축
- AMADA Weld Tech Korea — ICT 그룹장
- 제조 기업 Salesforce 개발 및 ICT 조직 운영
- 데이터 기반 업무 프로세스 혁신 추진

PART 3

중급 Admin 실무 능력 다지기

PART 1
CRM 이해하기

CRM의 본질·전략·지표를 이해하고 Salesforce의 존재 이유를 파악합니다.

<h1 style="text-align:center">1장
CRM 기본 개념</h1>

많은 기업이 고객을 확보하기 위해 점점 더 많은 마케팅·영업 비용을 사용하고 있습니다. 그럼에도 불구하고 실제 현장에서는 고객 이탈 속도는 빨라지고, 관계는 더 짧아지는 현상이 나타납니다.

마케팅, 영업, 고객지원 부서는 각자 다른 시스템과 도구를 사용하면서 고객 정보를 통합적으로 관리하지 못하는 경우가 많습니다. 이 때문에 고객 여정(Customer Journey)의 어느 단계에서 문제가 발생하는지조차 정확히 파악하기 어려운 상황이 자주 발생합니다.

이 과정에서 기업은 공통된 질문과 마주하게 됩니다.

"우리는 고객을 정확히 이해하고, 일관된 방식으로 관리하고 있는가?"

이 질문에 대한 답을 제공하는 체계가 바로 CRM(Customer Relationship Management(고객 관계 관리))입니다. CRM은 단순한 도구를 넘어, 기업이 고객과의 관계를 전략적으로 관리하기 위해 반드시 이해해야 할 핵심 개념입니다.

CRM은 고객과의 모든 상호작용 데이터를 체계적으로 수집하고, 이를 분석·활용하여 고객 가치를 높이고 매출 성장과 고객 유지율을 극대화하는 경영 전략이자 기술 체계를 의미합니다.

단순히 고객 정보를 저장하는 주소록 시스템이 아니라, 다음과 같은 근본적인 변화를 목표로 합니다.

- 기업의 내부 프로세스를 고객 관점으로 재정의하고
- 데이터를 기반으로 의사결정을 내리며
- 조직 문화 자체를 "제품 중심"에서 "고객 중심"으로 전환하는 것

즉, CRM은 "고객 정보를 정리하는 시스템"이 아니라 회사가 고객을 대하는 방식을 구조적으로 바꾸는 경영 체계입니다.

개요

CRM은 단순 IT 시스템을 넘어서, 이제는 경영 전략의 중심으로 자리 잡았습니다. 그 이유는 다음과 같습니다.

- 고객 획득 비용(CAC)이 꾸준히 증가하면서, 새로운 고객을 계속 확보하는 것보다 기존 고객을 유지·확대하는 전략이 더 중요해졌습니다.
- 고객 행동과 접점의 상당 부분이 디지털 환경에서 발생하면서, 기업은 더 이상 감(感)이 아닌 데이터 기반 의사결정을 할 수밖에 없는 상황이 되었습니다.
- 고객 경험(Customer Experience)이 곧 매출과 브랜드에 직접적인 영향을 미치고 있습니다.
- 영업·마케팅·고객지원이 각각 따로 움직이던 시대에서, 이제는 세 조직이 하나의 고객 데이터를 공유하며 협업해야 하는 시대가 되었습니다.

이러한 변화 속에서 CRM은 고객 생애 가치(LTV)를 극대화하기 위한 핵심 전략 도구로 기능합니다.

CRM 핵심 구성요소: 사람·프로세스·기술

CRM이 성공적으로 작동하기 위해서는 아래 세 가지 요소가 반드시 균형을 이뤄야 합니다.

1 사람(People)

CRM을 실제로 사용하는 주체입니다. 영업, 마케팅, 고객지원 등 고객 접점에 있는 조직이 CRM의 목적과 사용 방법을 이해하고 적극 참여해야 합니다. 아무리 좋은 시스템이라도 사용자가 활용하지 않으면 의미가 없습니다.

2 프로세스(Process)

고객 여정의 각 단계를 따라, "어떤 상황에서 무엇을 어떻게 처리할지"에 대한 표준 절차가 필요합니다.

> 예) Lead(리드) → Opportunity(영업기회) → Quote(견적) → Contract(계약) 프로세스가 표준화되어야 CRM 데이터의 의미가 일정하게 유지되고, 팀 간 협업이 원활해집니다.

3 기술(Technology)

고객 데이터를 저장·분석·자동화하는 기술 플랫폼이 필요합니다. Salesforce는 Cloud SaaS(클라우드 SaaS) 방식으로 제공되며, CRM 전략을 빠르게 실현할 수 있게 해주는 강력한 기술 기반을 제공합니다.

이 세 가지 중 어느 하나만 강조되어서는 CRM은 제대로 작동하지 않습니다. CRM은 사람·프로세스·기술이 함께 작동하는 종합 시스템입니다.

설정 절차

CRM을 실제로 도입하고 운영 가능한 수준으로 만들려면 다음과 같은 단계적 접근이 필요합니다.

1 고객 여정 정의

우리 회사 고객이 "어떻게 우리를 인지하고, 구매하고, 유지되는지"를 단계별로 정리합니다.

2 CRM 데이터 모델(오브젝트·필드·관계) 설계

Account(계정), Contact(연락처), Opportunity(영업기회) 등 어떤 정보를 어떤 구조로 저장할지 설계합니다.

3 권한·보안 구조 설계

누가 어떤 데이터에 접근할 수 있는지, 조직 구조와 역할(Role)에 맞춰 권한 체계를 정의합니다.

④ 고객 프로세스 자동화 필요성 분석

반복적인 작업, 사람이 놓치기 쉬운 업무를 Flow(플로) 등 자동화 도구로 어떻게 보완할지 검토합니다.

⑤ KPI 기반 보고서·대시보드 설계

CRM의 성과를 측정하기 위해 어떤 지표를 어떤 보고서·대시보드로 볼지 정의합니다.

⑥ 사용자 온보딩 교육

영업·서비스·마케팅 사용자가 CRM의 목적과 사용법을 이해하도록 역할별 교육을 진행합니다.

⑦ 데이터 품질·지속 운영 체계 구축

정기적인 데이터 점검, 중복 제거, 품질 기준을 수립하여 CRM이 시간이 지나도 신뢰할 수 있는 시스템이 되도록 관리합니다.

이 단계들은 이후 Chapter에서 Salesforce 관점으로 구체적으로 다룹니다.

요약

- CRM은 고객 데이터를 기반으로 매출 성장과 고객 유지율을 높이는 전략 체계입니다.
- CRM은 사람·프로세스·기술 세 요소가 균형을 이룰 때 효과를 발휘합니다.
- CRM은 단순히 데이터를 저장하는 시스템이 아니라, 기업의 고객 여정과 운영 방식을 재설계하는 과정입니다.
- Salesforce는 이러한 CRM 전략을 실행하기 위한 대표적인 Cloud SaaS 기반 기술 플랫폼입니다.

실무 적용 패턴

CRM은 기업의 전략과 업종에 따라 여러 방식으로 활용됩니다. 대표적인 활용 패턴은 다음과 같습니다.

패턴 1 영업 중심 CRM

Lead(리드) 등록 및 자격 판별

- Opportunity(영업기회) Pipeline(파이프라인) 관리
- Forecast(예측) 기반 매출 전망 및 리더십 보고

영업 조직이 있는 대부분의 B2B 기업에서 가장 기본이 되는 활용 방식입니다.

패턴2 고객지원 중심 CRM

- Case(케이스) 접수 및 해결 이력 관리
- SLA(Service Level Agreement(서비스 수준 계약)) 준수 여부 추적
- 고객 만족도 결과를 기반으로 서비스 품질 개선

고객 문의량이 많거나, 서비스가 중요한 업종에서 필수적인 패턴입니다.

패턴3 마케팅 자동화 중심 CRM

- 캠페인 실행 및 대상자 세그먼트 관리
- 세그먼트 기반 타겟팅(예: 업종, 규모, 활동 이력 등)
- 반응률·전환율 분석을 통해 캠페인 ROI 개선

Salesforce는 이러한 다양한 패턴을 하나의 CRM 플랫폼에서 통합 운영할 수 있도록 지원합니다.

운영 및 관리 관점의 팁

CRM을 실제로 잘 운영하기 위해서는 다음과 같은 원칙을 기억하는 편이 좋습니다.

- 데이터 입력 규칙을 먼저 설계합니다. 필수 필드, 형식(전화번호, 이메일 등), 선택값(Picklist) 기준을 명확히 하면 데이터 품질이 자연스럽게 올라갑니다.
- 사용자 교육을 필수 활동으로 인식합니다. CRM 실패 사례의 상당수는 "사용자가 시스템을 제대로 사용하지 않는 상황"에서 발생합니다.

- KPI 기반 보고서를 먼저 구축합니다. 영업·서비스·마케팅팀이 CRM을 사용해야 하는 이유를 "대시보드와 지표"로 보여주는 것이 가장 강력한 동기부여입니다.
- 프로세스는 단순하게 시작합니다. 처음부터 복잡한 자동화를 많이 만들면, 운영과 유지보수가 매우 어려워집니다. 기본적인 흐름부터 시작해 점진적으로 확장하는 것이 안전합니다.

실패 사례/주의사항

다음과 같은 패턴은 CRM 프로젝트를 실패로 이끌기 쉽습니다.

- 필요 이상으로 많은 오브젝트와 필드를 만들어 데이터 구조가 복잡해지고, 사용자들이 어디에 무엇을 입력해야 할지 혼란스러워지는 경우
- 영업팀만 CRM을 사용하고, 마케팅·CS팀은 별도 시스템을 유지하여 고객 정보가 단절되는 경우
- 보고서가 KPI 중심이 아니라, 단순 데이터 나열에 그치는 경우

관리자만 CRM 구조를 이해하고, 실제 사용자들은 "어디에 무엇을 봐야 하는지"조차 모르는 경우

- 명확한 도입 목적 없이 "시스템 구축" 자체만 목표로 진행하는 경우

CRM의 가장 큰 리스크는 기술이 아니라 사용·운영 방식에 있습니다.

실무 사례

[사례]　　IT 서비스 기업의 CRM 도입

· 기존에는 고객 문의와 영업기회가 서로 다른 시스템에서 관리되었습니다.
· 이로 인해 고객 이력 관리가 되지 않아, 영업팀과 기술지원팀 간 협업이 어려웠습니다.
· 고객별 매출·지원 이력을 통합 분석할 수 없어, 전략 수립에 한계가 있었습니다.

CRM 도입 이후 변화

· Account(계정) / Contact(연락처) / Case(케이스) / Opportunity(영업기회)가 하나의 Salesforce 플랫폼에서 통합 관리되기 시작했습니다.
· 고객별 기여 매출과 지원 이력을 한 화면에서 확인할 수 있게 되었습니다.
· 고객지원팀은 고객의 과거 이력을 기반으로 더 빠르고 정확한 대응을 할 수 있었습니다.
· 이 결과, 재구매율이 약 15% 증가하는 효과를 얻었습니다.

1. 아래 항목을 Object(오브젝트)와 Field(필드) 기준으로 각각 분류해 보십시오.

- 고객사명
- 주요 담당자
- 최근 문의 내용
- 구매 이력 수량
- 영업 담당자
- 고객 구분(잠재/기존/이탈)

2. Lead → Opportunity 전환 프로세스를 4단계 흐름
예) 인입 → 자격 검증 → 제안 → 전환으로 그려 보십시오.

Quiz

1. CRM 핵심 구성요소로 올바른 것은 무엇입니까?
  A. 사람·프로세스·기술　　　B. 사람·보고서·자동화　　　C. 데이터·AI·자동화

2. CRM이 경영전략이 되는 가장 큰 이유는 무엇입니까?
  A. 시스템 설치가 쉽기 때문
  B. 고객 생애 가치를 극대화하기 때문
  C. 무료로 운영할 수 있기 때문

3. CRM 성공을 위해 가장 중요한 요소는 무엇입니까?
  A. 복잡한 자동화　　　B. 사용자 참여　　　C. 대량의 필드 생성

정답) 1. A / 2. B / 3. B

2장
CRM 핵심 지표(KPI) 이해

많은 기업이 CRM을 도입한 뒤 이렇게 이야기합니다.

> "CRM을 쓰고는 있는데, 정확히 어떤 성과가 나는지 모르겠습니다."

자세히 살펴보면, 문제는 CRM 시스템 자체가 아니라 "무엇을 기준으로 성과를 측정해야 하는지 모르는 상태에서 운영하고 있는 것"인 경우가 많습니다.
측정 기준(KPI) 없이 CRM을 운영하면 다음과 같은 상황이 발생합니다.

- 영업, 마케팅, 고객지원팀이 각자 다른 관점으로 고객을 평가합니다.
- 조직마다 "중요한 지표"가 다르게 정의되어 협업이 어려워집니다.
- 데이터는 쌓이지만, 무엇을 보고 어떻게 개선해야 하는지 모호합니다.
- 경영진은 CRM 투자 대비 성과를 판단할 근거를 확보하지 못합니다.

기업의 성장은 측정이 가능할 때에만 개선 방향을 잡을 수 있습니다. CRM 역시 예외가 아닙니다. 따라서 CRM의 가치를 제대로 실현하기 위해서는 영업·서비스·마케팅의 KPI를 체계적으로 정의하고, 이 지표를 Salesforce에서 자동으로 수집·시각화하는 구조가 필요합니다.

이 Chapter의 목적은 다음과 같습니다.

> "CRM 데이터를 어떻게 KPI로 연결하여 실제 운영 개선과 의사결정에 활용할 것인가를 이해합니다."

개요

CRM 핵심 지표(KPI, Key Performance Indicator(핵심 성과 지표))는 기업이 고객과의 관계를 관리하며 달성하고자 하는 목표를 정량적인 수치로 표현한 지표 체계입니다. KPI는 단순한 숫자 목록이 아니라, 고객 여정 전체를 반영한 조직의 나침반 역할을 합니다.

CRM에서 KPI는 크게 다음 세 가지 범주로 구성됩니다.

1. 영업 KPI

   영업 Pipeline(파이프라인), 전환율, 평균 매출 등 매출 성장성과 관련된 지표

2. 서비스 KPI

   문의 처리 속도, SLA 준수율, 고객 만족도 등 고객 경험과 서비스 품질과 관련된 지표

3. 마케팅 KPI

   캠페인 반응률, 리드 생성 효율성, 세그먼트별 성과 등 수요 창출과 마케팅 효율성과 관련된 지표

이 세 영역이 서로 단절되지 않고 하나의 흐름으로 연결될 때, 비로소 CRM은 "엔드투엔드 고객 관리 시스템"으로 기능하게 됩니다.

핵심 개념 정리

1 영업 KPI

영업 활동에서 가장 중요한 질문은 다음과 같습니다.

"영업기회(Opportunity)가 어떤 속도로, 어떤 품질로 흘러가고 있는가?"

CRM의 영업 KPI는 영업 Pipeline을 중심으로 구성되며, 대표적인 지표는 다음과 같습니다.

1) Lead → Opportunity 전환율

- 리드가 실제 영업기회로 전환되는 비율입니다. 마케팅이 만들어낸 리드가 얼마나 '영업 가능한 기회'로 연결되는지를 보여줍니다.

2) Opportunity 단계별 이동 속도

- 각 Stage(단계)에서 영업기회가 얼마나 오래 머무는지를 의미합니다. 특정 단계

에서 체류 기간이 길다면, 해당 구간에 프로세스 병목이 존재한다는 신호입니다.

3) Win Rate(성공률)

- Closed Won(영업 성공) 비율입니다. 영업조직의 역량뿐 아니라, 제품 경쟁력·가격·프로세스 품질까지 함께 반영합니다.

4) Average Deal Size(평균 거래 규모)

- 평균 계약 금액으로, 기업의 성장성과 세그먼트 전략(예: 대형 고객 vs 중소 고객)을 설계할 때 핵심 기준이 됩니다.

영업 KPI는 단순한 숫자가 아니라, 영업 프로세스가 얼마나 효율적으로 작동하고 있는지 보여주는 관찰 창입니다.

2 서비스 KPI

서비스 조직의 핵심 질문은 다음과 같습니다.

"우리는 고객의 문제를 얼마나 빠르고 정확하게 해결하고 있는가?"

대표적인 서비스 KPI는 다음과 같습니다.

1) First Response Time(첫 응답 시간)

- 고객이 문의한 시점부터 첫 답변을 받을 때까지의 시간입니다. 이 지표는 고객의 체감 만족도에 직접적인 영향을 줍니다.

2) Resolution Time(해결 시간)

- 케이스가 생성된 시점부터 완전히 해결될 때까지 걸린 시간입니다. 서비스 조직의 처리 효율과 내부 협업 수준을 보여줍니다.

3) SLA Compliance(서비스 수준 계약 준수율)

- SLA(Service Level Agreement(서비스 수준 계약)) 목표 시간 내에 케이스가 처리되었는지를 나타냅니다. 특히 B2B 서비스에서는 매우 중요한 신뢰 지표입니다.

4) CSAT(고객 만족도)

- 설문 등을 통해 수집하는 고객 만족도 점수입니다. 서비스 품질과 고객 경험의 전반적인 수준을 보여주는 대표 지표입니다.

서비스 KPI는 고객 유지율·재구매율과 직결되기 때문에, CRM에서 가장 강력한 개선 포인트가 됩니다.

❸ 마케팅 KPI

마케팅 조직은 다음 질문에 답해야 합니다.

"우리는 얼마나 효율적으로 '양질의 수요'를 만들어내고 있는가?"

대표 마케팅 KPI는 다음과 같습니다.

1) Campaign Response Rate(캠페인 반응률)

- 이메일, 광고, 이벤트 등 각 캠페인에 대한 고객 반응 비율입니다.
- 어떤 메시지·채널·타겟이 효과적인지 판단하는 기본 지표입니다.

2) Lead Quality Score(리드 품질 점수)

- 생성된 리드가 실제 영업에 얼마나 도움이 되는지를 점수화한 지표입니다.
- 영업팀과 마케팅팀의 협업 퀄리티를 보여줍니다.

3) Cost per Lead(리드당 비용)

- 한 명의 리드를 확보하는 데 들어간 비용입니다.
- 마케팅 효율성을 비교할 때 가장 기초가 되는 데이터입니다.

4) Conversion Rate(전환율)

- 리드가 실제 고객 또는 유의미한 기회로 전환되는 비율입니다.
- 마케팅 활동이 실제 매출 결과로 이어지고 있는지를 확인하는 데 중요합니다.

마케팅 KPI를 CRM과 연결하면, 캠페인 → 리드 → 영업기회 → 매출로 이어지는 Full Funnel(풀 퍼널) 분석이 가능해집니다.

❹ KPI 측정 프레임워크 설계

KPI는 "숫자 몇 개 정하는 것"이 아니라, 어떤 기준과 구조로 측정하고 관리할지 설계하는 작업입니다.

일반적인 KPI 프레임워크 설계 단계는 다음과 같습니다.

1) 고객 여정 정의

- Awareness(인지), Consideration(검토), Purchase(구매), Retention(유지) 등 각 단계에서 어떤 행동과 이벤트가 발생하는지를 명확히 정의합니다.

2) 단계별 KPI 지정

- 예) Awareness → 노출 수, 클릭 수

- Engagement → 응답률, 방문 수
- Conversion → 전환율, 계약 수
- Retention → 재구매율, 이탈률

3) 측정 단위 통일

- 일/주/월/분기 단위 등을 일관되게 정의합니다.
- 기준이 달라지면 지표 비교가 어려워지므로, 초기 설계가 중요합니다.

4) 데이터 수집 방식 정의

- Salesforce Report(보고서), Dashboard(대시보드), Flow(플로) 등을 사용해 KPI 데이터를 어떻게 수집·집계할지 정의합니다.

5) 책임자 지정

- 각 KPI를 누가 관리·분석·보고할 것인지 명확히 합니다.
- 지표의 주인이 정해져야 실제 개선 활동이 이루어질 수 있습니다.

KPI 프레임워크 설계는 CRM 데이터의 가치를 "의사결정과 개선으로 연결"하기 위한 필수 과정입니다.

설정 절차

CRM KPI를 실제 조직 환경에 맞게 설정하려면 다음과 같은 순서를 따르는 것이 효과적입니다.

1 핵심 목표 정의(Why)

우리 조직의 최우선 목표가 무엇인지 명확히 합니다. 예: 영업 성장, 고객 유지율 개선, 마케팅 효율화 등

2 측정 대상 프로세스 도출(What)

고객 여정, 영업 단계, Case 흐름 등을 기준으로 어떤 프로세스를 측정 대상에 포함할지 결정합니다.

3 객관적 지표 정의(How)

지표의 계산식을 명확하게 정의합니다.
예) 해결 시간 = 해결 완료일 - 케이스 생성일

전환율 = 전환 건수 ÷ 전체 대상 수

4 Salesforce Report & Dashboard 구성

- 필요한 Report Type(보고서 유형)을 설정하고,
- KPI별로 필터·그룹·차트를 설계합니다.

5 모니터링 주기 설정

- 일/주/월/분기 등 모니터링 빈도를 정합니다.
- 정기적인 KPI 리뷰 리듬을 만드는 것이 중요합니다.

6 지속적 개선 루프 구축

Sales Meeting(세일즈 미팅), Service Review(서비스 검토) 등 KPI를 리뷰하는 회의 구조를 만들어 결과를 개선 활동으로 연결합니다.

요약

· CRM KPI는 영업·서비스·마케팅의 성과를 정량적으로 측정하는 지표 체계입니다.
· KPI는 고객 여정을 기준으로 정의해야 하며, Salesforce Report·Dashboard를 통해 자동 수집·시각화됩니다.
· KPI는 숫자 그 자체가 목적이 아니라, 조직 성장과 프로세스 개선을 이끌어내는 수단입니다.
· KPI 프레임워크 설계는 CRM 성공의 핵심 기반입니다.

실무 적용 패턴

KPI는 조직의 전략과 목표에 따라 다양한 방식으로 활용됩니다. 대표적인 실무 패턴은 다음과 같습니다.

패턴1 영업 Pipeline 기반 운영

- Pipeline 단계별 전환율을 주간 기준으로 점검합니다.
- 예상 매출(Forecast)을 월 단위로 경영진에게 보고합니다.
- 전환율이 낮거나 정체된 구간을 찾아, 해당 단계에 대한 영업 코칭·전략 보완을 진행합니다.

이 패턴은 Salesforce의 Opportunity 기능만 잘 활용해도 쉽게 구현할 수 있는 가장 기본적인 영업 운영 방식입니다.

패턴2 고객지원 중심 SLA 기반 운영

- 케이스 카테고리별 평균 해결 시간을 측정합니다.
- SLA 목표 시간을 넘기는 케이스에 대해서는 Flow를 통해 자동 알림·에스컬레이션을 설정합니다.
- CSAT(고객 만족도)를 수집하여, SLA 준수와 만족도 간 상관관계를 분석합니다.
- 서비스 조직은 SLA를 체계적으로 관리할수록 재문의, 불만 사례, 이탈률이 눈에 띄게 줄어드는 경향이 있습니다.

패턴3 마케팅 Full Funnel 분석

- 캠페인 → 리드 → 영업기회 → 매출의 흐름을 하나의 Dashboard에서 전체 흐름으로 연결합니다.
- 캠페인별 ROI(투자 대비 효과)를 계산하여 어떤 캠페인이 실제 매출로 이어지는지 분석합니다.
- 세그먼트(산업, 지역, 규모 등)별로 퍼포먼스를 비교해 가장 성과가 높은 타겟 그룹에 집중할 수 있습니다.

Salesforce Marketing Cloud 또는 Pardot와 연동하면 이러한 Full Funnel 분석을 더 정교하고 자동화된 형태로 운영할 수 있습니다.

운영 및 관리 관점의 팁

- KPI 개수는 최소한으로 유지합니다. 수십 개의 지표를 관리하기보다는, 실제 행동을 바꿀 수 있는 핵심 KPI 5~10개에 집중하는 것이 좋습니다.
- 측정 기준은 반드시 문서화합니다. "동일한 KPI 이름"이라도 팀마다 정의가 다르면 비교·분석이 불가능해집니다.
- 객관적 데이터 기반 리뷰 문화를 만듭니다. 매주 또는 매월 정기 회의에서 KPI 결과를 검토하고, 원인 분석과 개선 계획을 함께 논의해야 합니다.
- Dashboard(대시보드)는 단순하고 직관적으로 구성합니다. 한 Dashboard에는 되도록 7개 이하의 핵심 차트만 배치하여 보는 사람이 메시지를 한눈에 이해할 수 있도록 설계합니다.
- 자동화를 적극 활용합니다. SLA 위반, 전환율 급감, 특정 구간의 이상치 등을 Flow나 알림으로 자동 감지하도록 구성하면 운영 리스크를 크게 줄일 수 있습니다.

실패 사례/주의사항

다음과 같은 경우, KPI는 존재하지만 실제 운영에는 거의 기여하지 못하게 됩니다.

- KPI를 너무 많이 정의해 관리와 실행이 어려워지는 경우
- KPI 수치가 나쁜데도 원인 분석 없이 단순 보고로 끝나는 문화
- 경영진·영업팀·서비스팀이 서로 다른 KPI에만 집중하여 전사 관점의 정렬이 되지 않는 경우
- KPI를 측정만 하고 개선 활동으로 연결하지 않는 경우
- 데이터 품질이 낮아 KPI 수치 자체가 왜곡된 경우

가장 위험한 상태는 다음과 같습니다.

"우리는 많은 지표를 보고 있지만, 그 지표를 바탕으로 실제로 바꾸는 것은 아무것도 없다."

KPI는 보고용 숫자가 아니라, 조직 행동을 바꾸기 위한 도구입니다.

[사례]	B2B SaaS 기업의 KPI 재정비
문제상황	· 영업팀은 전환율 중심 KPI만, 마케팅팀은 리드 수 중심 KPI만 관리했습니다. · 서로 다른 KPI에 집중하다 보니 두 팀 간의 협업과 우선순위 조정에 항상 갈등이 있었습니다. · 경영진은 전체 Funnel 상태를 한눈에 파악하기 어려웠습니다.
해결방법	· CRM 상에서 Full Funnel KPI 세트를 새로 설계했습니다. · Lead → Opportunity → Closed Won 흐름을 하나의 Dashboard에 통합해 보여주도록 구성했습니다. · 전사 KPI를 "전환율·평균 거래 규모·유지율" 등 소수의 중요한 지표로 단순화했습니다. · 매주 KPI Review Meeting을 운영해, 캠페인·영업 전략을 지표를 기반으로 조정했습니다.
결과	· 영업·마케팅 간 목표 정렬도가 크게 강화되었습니다. · 매출 예측 정확도가 향상되었습니다. · 캠페인 ROI가 개선되면서, 예산 집행 효율이 상승했습니다.

실습

1. 다음 항목을 영업·서비스·마케팅 KPI로 각각 분류해 보십시오.

· 첫 응답 시간
· Win Rate
· 캠페인 반응률
· Lead → Opportunity 전환율
· CSAT
· 평균 거래 규모

2. Awareness → Conversion 단계에 대한 KPI 세트를 직접 설계해 보십시오.
예) 노출 수, 클릭 수, 방문 수, 리드 수, 전환율 등

1. CRM KPI의 목적과 가장 가까운 설명은 무엇입니까?
   A. 데이터를 많이 수집하는 것
   B. 고객 여정 기반 성과를 측정해 운영을 개선하는 것
   C. 보고서를 예쁘게 만드는 것

2. 다음 중 영업 KPI가 아닌 것은 무엇입니까?
   A. Lead 전환율   B. Win Rate   C. First Response Time

3. CRM 성공을 위해 가장 중요한 요소는 무엇입니까?
   A. 서비스 KPI   B. 영업 KPI   C. 마케팅 KPI

정답) 1. B / 2. C / 3. A

3장
왜 Salesforce인가?

기업이 CRM 도입을 고민할 때 가장 먼저 떠올리는 질문은 다음과 같습니다.

"CRM 제품이 이렇게 많은데, 왜 굳이 Salesforce를 선택해야 할까?"

실제로 시장에는 다양한 CRM 솔루션이 존재합니다.
- 특정 산업에 특화된 CRM
- 단순 고객 관리 기능만 제공하는 경량 솔루션
- 가격 경쟁력을 앞세운 제품

처음에는 이러한 솔루션으로 시작해도, 시간이 지나며 기업들은 공통된 문제를 경험합니다.
- 비즈니스 구조가 확장되자 기존 CRM이 이를 감당하지 못하는 문제
- 권한·보안·대량 데이터·복잡한 자동화 기능의 한계
- 여러 시스템에 고객 정보가 분산되어 "통합 고객 관점"을 확보하지 못하는 문제
- 글로벌 사업 확장, 다국어·다조직 구조 등 복잡한 운영 요구를 수용하지 못하는 문제

이 시점에서 많은 기업이 다시 Salesforce를 검토하게 됩니다.

Salesforce는 단순 CRM 제품이 아니라,

"기업의 성장 속도와 복잡성이 높아질 때, 제약 없이 따라갈 수 있는 CRM 플랫폼"

이라는 이유로 선택됩니다.

이 Chapter에서는 다음 네 가지 관점에서 "왜 Salesforce인가?"를 체계적으로 살펴봅니다.

1. CRM 시장 점유율
2. Cloud SaaS(클라우드 SaaS)의 민첩성
3. 확장성·보안·생태계
4. Total Cost of Ownership(총소유비용, TCO) 관점의 Salesforce

개요

Salesforce는 Cloud SaaS 기반의 CRM 플랫폼으로, 고객 데이터 관리, 영업, 서비스, 마케팅, 분석, 통합까지 고객 여정 전반을 한 플랫폼 안에서 운영할 수 있도록 설계된 솔루션입니다.

그러나 Salesforce의 진정한 가치는 단지 "기능이 많아서"가 아니라, "기업의 복잡한 운영을 가장 안정적으로 해결할 수 있는 플랫폼"이라는 점에 있습니다.

이를 이해하기 위해서는 Salesforce를 다음 네 가지 관점에서 살펴볼 필요가 있습니다.

1. CRM 시장 점유율 - 얼마나 많은 기업이 선택했고, 그 이유는 무엇인가
2. Cloud SaaS의 민첩성 - 변화에 얼마나 빠르게 대응할 수 있는가
3. 확장성·보안·생태계 - 성장·통합·보안 측면에서 얼마나 안정적인가
4. Total Cost of Ownership(TCO) - 전체 소유 비용 관점에서 얼마나 유리한가

핵심 개념 정리

1 CRM 시장 점유율

Salesforce는 여러 해에 걸쳐 글로벌 CRM 시장에서 압도적인 1위를 유지하고 있습니다. 이는 단순히 "많이 팔린 제품"이라는 의미를 넘어, 수많은 기업이 Salesforce를 활용해 실제로 성과를 만들어냈다는 결과이기도 합니다.

CRM 시장 점유율이 높다는 것은 다음과 같은 의미를 갖습니다.

- 많은 고객사가 사용하고 있어, 기능과 안정성이 이미 충분히 검증되었습니다.
- 다양한 산업별 Best Practice가 축적되어 있어, 도입 시 참고할 수 있는 사례가 풍부합니다.
- 교육, 인력, 컨설팅 파트너 등 생태계가 크고 탄탄해, 도입·운영·확장이 수월합니다.
- 높은 시장 점유율을 바탕으로 지속적인 R&D 투자와 혁신이 가능하며, 분기별 릴리즈를 통해 최신 기능이 계속 추가됩니다.

정리하자면 Salesforce는 "가장 많은 기업이 선택한 CRM"이자, "실패 리스크를 줄이기 위해 선택하는 CRM"이라고 볼 수 있습니다.

❷ Cloud SaaS(클라우드 SaaS)의 민첩성

Salesforce의 가장 큰 강점 중 하나는 Cloud SaaS 구조에서 오는 민첩성입니다.
왜 민첩성이 중요한가?

현실의 비즈니스 환경은 매우 빠르게 변합니다.
- 조직 구조가 자주 개편되고
- 신제품과 서비스가 계속 추가되고
- 가격 정책과 영업 전략이 변화하며
- 고객 여정 자체도 디지털 채널 확대 등으로 바뀌고 있습니다.

이때 CRM이 변화 속도를 따라가지 못하면 다음과 같은 문제가 발생합니다.
- 영업 프로세스 변경 시, 시스템 수정이 늦어 현장과 시스템이 불일치
- 부서·조직 개편에 따른 권한 재구성이 어려움
- 글로벌 확장, 채널 추가 등에 따른 데이터 구조 변경이 지연
- 시장 변화에 맞춘 자동화·보고서·대시보드 개편이 늦어지고, 결국 CRM이 현실을 반영하지 못하는 시스템이 됩니다.

❸ Salesforce Cloud SaaS의 민첩성

Salesforce의 Cloud SaaS 구조는 다음과 같은 특징을 제공합니다.
- 별도의 설치나 서버 관리가 필요 없습니다.

- 브라우저와 인터넷만 있으면 어디서든 접속할 수 있습니다.
- 분기별 정기 릴리즈를 통해 최신 기능이 자동으로 업데이트됩니다.
- 관리자(Administrator)가 코드 없이도 설정 기반으로 데이터 모델·권한·자동화·UI를 비교적 빠르게 변경할 수 있습니다.
- 글로벌 인프라와 동일한 보안·성능 기준이 자동 적용됩니다.

이러한 민첩성 덕분에, "조직의 변화 속도에 CRM이 뒤처지는 리스크"를 크게 줄일 수 있습니다.

4 확장성·보안·생태계

Salesforce를 장기적으로 선택하는 기업들은 대부분 다음 세 가지 이유를 동시에 고려합니다.

확장성(Scalability) · 보안(Security) · 생태계(Ecosystem)

1) 확장성(Scalability)

기업이 성장하면, CRM 역시 그에 맞게 성장해야 합니다.

Salesforce는 다음과 같은 확장 요구를 자연스럽게 처리할 수 있습니다.
- 수십만·수백만 건의 데이터 누적
- 복잡한 조직 구조(자회사, Territory(테리토리) 등)의 반영
- 다단계 승인·복합 자동화 프로세스
- 금융·제조·공공 등 Industry Cloud 제품과의 연계
- 다양한 외부 SaaS·내부 시스템과의 통합 증가

처음에는 단순한 기능만 필요하더라도, 기업이 성장하면서 확장성의 차이가 CRM 성공 여부를 좌우하게 됩니다.

Salesforce는 소규모 스타트업부터, 수천 명 규모의 글로벌 엔터프라이즈까지 하나의 플랫폼 안에서 커버할 수 있는 CRM 이라는 점에서 독보적입니다.

2) 보안(Security)

CRM은 고객, 매출, 기회, 계약, 이력 등 기업의 핵심 자산 데이터를 담고 있습니다.

따라서 보안 수준은 CRM 선택 기준에서 가장 중요한 요소 중 하나입니다.

Salesforce는 기본적으로 다음과 같은 보안 기능을 제공합니다.

- 데이터 암호화(저장·전송 구간)
- 다중 인증(MFA, Multi-Factor Authentication)
- Event Monitoring(이벤트 모니터링)을 통한 접속·행동 추적
- Field-Level Security(필드 수준 보안)
- Role Hierarchy(역할 계층), Sharing Rule(공유 규칙)을 활용한 세밀한 권한 제어
- 각종 글로벌 규제(GDPR 등) 준수 및 인증

이를 통해 기업은 자체 시스템에서 구현하기 어려운 수준의 보안을 상대적으로 적은 비용과 노력으로 확보할 수 있습니다.

3) 생태계(Ecosystem)

Salesforce는 단순히 "제품 하나"가 아니라, 하나의 산업 수준에 해당하는 생태계를 형성하고 있습니다.

- AppExchange(앱익스체인지)
  - 5,000개 이상의 검증된 CRM 확장 앱을 제공하는 Marketplace입니다.
  - 전자계약, 청구·결제, 콜센터, 분석 도구 등 다양한 솔루션을 추가할 수 있습니다.
- Trailhead(트레일헤드)
  - 누구나 무료로 Salesforce를 학습할 수 있는 온라인 학습 플랫폼입니다.
  - 관리자, 개발자, 아키텍트, 컨설턴트 등 역할별 학습 경로가 제공됩니다.
- Consulting Partner(컨설팅 파트너)
  - 전 세계 수많은 파트너사가 Salesforce 프로젝트를 전문적으로 수행하고 있습니다.
  - 산업별·기능별 전문 파트너를 활용해 도입 속도를 높일 수 있습니다.
- Developer 생태계
  - Metadata 기반 설정부터 Apex, LWC까지 다양한 개발 패턴을 지원합니다.
  - 전 세계 개발자 커뮤니티와 자료가 풍부해, 문제 해결과 확장성이 뛰어납니다.

CRM은 단순한 소프트웨어를 넘어 기업의 장기적인 운영 기반이 되기 때문에, 이러한 생태계의 존재는 매우 중요한 선택 기준이 됩니다.

5 Total Cost of Ownership(총소유비용, TCO) 관점의 Salesforce

많은 기업이 처음에는 Salesforce에 대해 "다른 솔루션에 비해 가격이 비싸 보인다"고 이야기합니다.

하지만 TCO(Total Cost of Ownership, 총소유비용) 관점에서 보면, Salesforce가 오히려 비용 절감 효과를 제공하는 경우가 많습니다.

TCO에 포함되는 주요 요소
- 초기 라이선스·구축 비용
- 유지·운영 인력 비용
- 커스터마이징·개발 비용
- 인프라(서버, 네트워크, 보안 장비 등) 유지 비용
- 장애 및 복구에 들어가는 비용(다운타임 포함)
- 보안 사고 대응 비용
- 확장 시 추가 개발·수정 비용
- 조직 구조 변화에 따른 시스템 재구축 비용

On-premise 또는 저가 CRM 솔루션은 "초기 도입 비용"은 저렴할 수 있지만, 장기적으로는 다음과 같은 비용이 크게 누적됩니다.
- 계속 늘어나는 커스터마이징 개발 비용
- 인프라 유지보수와 보안 패치 비용
- 확장·통합이 어려워 발생하는 업무 비효율
- 장애·성능 이슈로 인한 기회 비용 손실

반면 Salesforce는 다음과 같은 구조로 TCO를 장기적으로 안정화합니다.
- 설정 중심 운영(코드 최소화)으로 유지보수 비용 절감
- 정기 릴리즈 자동 적용으로 업그레이드 비용 감소
- 글로벌 SaaS 인프라 기반으로 보안·성능·가용성을 확보
- 표준 구조와 높은 재사용성으로 확장 비용 최소화

설정 절차

조직 내부에서 "왜 Salesforce인가?"를 설득하고 합리적으로 도입 여부를 판단하려면
다음과 같은 절차로 평가하는 것이 좋습니다.

1 현재 CRM의 한계 분석

- 확장성 부족(새로운 요구를 반영하기 어려움)
- 데이터 모델·구조의 비효율
- 자동화 기능의 제한
- 보고서·대시보드 기능 미흡
- 보안·감사·권한 관리의 한계

2 향후 3~5년 운영 시나리오 예측

- 글로벌 진출 또는 지사/법인 확장 가능성
- 사용자 수 및 데이터량 증가 예상
- 외부 시스템(ERP, 마케팅, 콜센터 등)과의 통합 증가 가능성
- 고객 접점 채널 다양화(웹, 모바일, 파트너 포털 등)

3 Salesforce 기능과 매핑

- Sales Cloud, Service Cloud, Experience Cloud 등 각 클라우드 제품과 현재·미래 니즈를 비교합니다.
- Flow 기반 자동화로 기존 워크플로우/코딩 기반 자동화를 대체 가능한지 검토합니다.
- 권한·보안 모델이 기업의 보안 정책을 충족하는지 확인합니다.

4 TCO 기반 비교 분석

- 구축·운영·유지보수·교육에 드는 비용
- 확장·통합에 필요한 추가 비용
- 장애·보안 사고 리스크와 그 비용
- 인력 채용·육성 비용
- 장기적으로 유지했을 때의 총 비용을 비교합니다.

- KPI 관점에서 Salesforce 도입 시 기대할 수 있는 개선 효과를 수치화합니다.
- 운영 리스크 감소 효과(보안·장애·데이터 품질)를 정리합니다.
- 시스템 통합 전략과 향후 로드맵을 포함한 제안서를 구성합니다.

이 과정을 통해 Salesforce는 단순히 "기능이 많은 툴"이 아니라 기업의 전략 실행을 돕는 플랫폼으로 평가될 수 있습니다.

요약

· Salesforce는 글로벌 CRM 시장에서 압도적인 1위를 유지하는 전략 플랫폼입니다.
· Cloud SaaS 기반의 민첩성, 확장성, 보안, 생태계는 Salesforce만의 큰 강점입니다.
· TCO 관점에서 Salesforce는 장기적으로 운영·보안·확장 비용을 절감하는 경우가 많습니다.
· Salesforce는 기업의 성장, 글로벌 확장, 디지털 전환에 가장 유연하게 대응할 수 있는 CRM입니다.

5 경영진 의사결정 패키지 구성

실무 적용 패턴

Salesforce는 실제 기업 환경에서 다음과 같은 패턴으로 활용되는 경우가 많습니다.

패턴 1 단일 CRM에서 전사 운영 통합
- 영업(Sales), 서비스(Service), 마케팅(Marketing)을 Salesforce로 통합 운영
- 고객 여정 전체를 하나의 플랫폼에서 연결
- 전사 공통 KPI 기반으로 의사결정 체계를 정비

이 패턴을 적용하면 기업은 단일 고객 관점(Single Source of Truth)을 확보하게 됩니다.

패턴 2 자동화를 통한 운영 효율 극대화
- 영업기회(Stage) 갱신 시 자동 알림 발송
- SLA 위반 가능성이 있는 케이스 사전 감지
- 케이스 유형별 자동 분류 및 Queue 배정
- 승인 프로세스 자동화(견적, 할인, 계약 등)

Salesforce의 Flow(플로)는 코드 없이도 엔터프라이즈급 자동화를 구현할 수 있도록 설계되어 있습니다.

패턴 3 다중 시스템 연동 기반 확장 전략
- ERP와 Salesforce를 연동하여 고객 매출·채권·재고 데이터 통합
- CTI 시스템과 연동하여 콜 중심 고객지원 운영
- 마케팅 자동화 시스템과 리드·캠페인 정보를 양방향 동기화
- 외부 데이터 허브 또는 데이터 웨어하우스와 연계

Salesforce는 REST API 기반 통합에 특화되어 있으며, 많은 SaaS 도구가 Salesforce 연동을 기본 제공하기 때문에 "연동 친화적 CRM"으로도 강력한 장점을 가지고 있습니다.

운영 및 관리 관점의 팁
- 초기에는 표준 기능을 최대한 활용합니다. 커스터마이징과 코드는 가능한 한 뒤

로 미루고, 표준 기능과 Flow만으로 해결할 수 있는 구조를 우선 고려하는 것이 장기적인 운영 안정성에 유리합니다.

- 데이터 모델링을 가장 먼저 설계합니다. Salesforce 도입 성공의 핵심은 객체 구조와 관계 설계입니다. 잘못 설계된 데이터 모델은 이후 모든 기능과 보고서에 영향을 줍니다.
- Flow 자동화는 점진적으로 확장합니다. 초기에 너무 많은 Flow를 만들면 충돌, 성능 저하, 유지보수 어려움이 발생할 수 있습니다.
- 보안·권한 구조는 초기 단계에서 확실히 잡습니다. 나중에 권한 구조를 대규모로 변경하면 업무 중단, 오류, 데이터 노출 리스크가 크게 증가합니다.
- AppExchange를 적극 활용합니다. 필요한 기능의 상당 부분은 이미 검증된 앱 형태로 존재합니다. 휠을 다시 발명하기보다, 검증된 솔루션을 조합하는 것이 효율적인 경우가 많습니다.

실패 사례 / 주의사항

다음과 같은 패턴은 Salesforce 도입 실패로 이어지기 쉽습니다.

- 기존 시스템 구조를 그대로 Salesforce에 이식하려는 시도
- 조직이 CRM 표준 프로세스를 받아들이지 않고, Salesforce를 기존 방식에 억지로 맞추려는 경우
- 초기부터 과도한 커스터마이징으로 표준 업그레이드 적용이 어려워지는 구조
- TCO 관점 없이, 초기 비용만 보고 의사결정하는 상황
- KPI 정의 없이 도입해, 도입 후 효과를 측정하지 못하는 경우
- 관리자 교육 부족으로 자동화·보고서·권한 기능이 방치되는 사례

가장 흔한 실패 원인은 다음과 같습니다.

"Salesforce를 전략 플랫폼이 아니라, 단순 시스템 또는 프로젝트로만 바라본 것."

[사례]	글로벌 소비재 기업의 Salesforce 도입
문제상황	· 각 국가가 서로 다른 CRM 또는 엑셀 기반으로 고객 정보를 관리했습니다. · 제품 라인업과 판매 채널이 증가하면서 영업 구조가 복잡해졌습니다. · 고객지원팀은 24시간 글로벌 대응이 필요했지만, 시스템이 통합되어 있지 않아 이력 추적이 어려웠습니다.
Salesforce 적용	· 글로벌 통합 Org(조직)를 구성하고, 국가·브랜드·채널별 구조를 Role과 Territory로 설계했습니다. · Sales Cloud, Service Cloud, Experience Cloud를 연계하여 파트너·고객·내부 조직이 하나의 플랫폼에서 협업할 수 있도록 구성했습니다. · 케이스 자동 분배와 SLA 관리 프로세스를 구현했습니다. · 국가별·제품별 Dashboard를 제공하여 글로벌 영업 Pipeline과 서비스 품질을 한눈에 파악할 수 있게 했습니다.
결과	· CRM 시스템이 글로벌 단일화되었습니다. · 고객 이력과 매출 데이터를 통합적으로 관리할 수 있게 되었습니다. · SLA 준수율이 약 25% 이상 향상되었습니다. · 글로벌 영업 Pipeline 가시성이 크게 개선되어 전략 수립 속도가 빨라졌습니다.

실습

1. Salesforce 선택 필요성을 "CRM 시장 점유율 · 민첩성 · 확장성 · TCO" 기준으로 비교표(열: 평가 기준, 행: 솔루션) 형태로 작성해 보십시오.

2. 현재 또는 가상의 기업을 하나 정하고, "Salesforce 도입이 필요하다고 판단되는 운영 문제"를 5가지 이상 정리해 보십시오.

예) 데이터 분산, 보고서 부재, 글로벌 확장, 자동화 부족 등

1. Salesforce가 시장에서 강력한 이유와 가장 가까운 설명은 무엇입니까?

    A. 가격이 매우 저렴해서

    B. Cloud SaaS 기반 민첩성과 확장성 덕분에

    C. 설치형(On-premise)이라 기업 환경에 맞춰 커스터마이징하기 쉬워서

2. Salesforce 생태계 구성 요소가 아닌 것은 무엇입니까?

    A. AppExchange   B. Trailhead   C. Windows Office Plugin Store

3.TCO 관점에서 Salesforce가 유리한 이유는 무엇입니까?

    A. 초기 설치 비용만 들기 때문입니다.

    B. 유지보수·보안·확장 비용이 상대적으로 낮기 때문입니다.

    C. 커스터마이징을 많이 해야 운영이 편해지기 때문입니다.

정답) 1. B / 2. C / 3. B

4장
시스템 관리자 역할 이해

Salesforce를 도입한 많은 기업에서 공통적으로 반복되는 불만이 있습니다.

- 영업팀: "필드가 너무 많아서 무엇을 입력해야 할지 모르겠습니다."
- 서비스팀: "보고서를 만들기가 어렵고, 원하는 데이터가 잘 안 나옵니다."
- 경영진: "CRM에 투자했는데, ROI가 명확히 보이지 않습니다."

이러한 문제는 대부분 Salesforce 기능 부족이 아니라, 플랫폼을 운영하고 발전시키는 전담 역할이 명확하게 정의되지 않았기 때문입니다.

Salesforce는 설치 후 방치해도 되는 단순 패키지 소프트웨어가 아니라, "지속적인 운영과 설계가 필요한 비즈니스 플랫폼"입니다. 전담 역할 없이 방치하면 다음과 같은 문제가 발생합니다.

- 데이터 품질 저하(중복, 누락, 불일치)
- 자동화 충돌 또는 오작동
- 오브젝트·필드 난립으로 구조 혼란
- 권한 모델이 복잡해져 보안 위험 증가
- 조직 전체의 CRM 사용률(Adoption) 저하

결국 Salesforce 도입의 성패는

"Salesforce를 책임지고 운영·관리하는 Administrator(시스템 관리자) 역할이 얼마나 잘 정의되고 수행되는가"

에 달려 있습니다.

이 Chapter에서는 다음 세 가지를 다룹니다.

1. Administrator(시스템 관리자) · Developer(개발자) · Architect(아키텍트)의 역할 차이

2. Administrator가 실제로 관리하는 영역

3. Salesforce Administrator로 성장하는 경로와 역할의 중요성

개요

Salesforce Administrator(시스템 관리자)는 현업이 Salesforce를 안정적이고 효율적으로 사용할 수 있도록 플랫폼을 운영·관리·최적화하는 역할을 담당합니다.

단순한 "시스템 계정 생성 담당자"가 아니라,"현업의 요구를 Salesforce 기능으로 번역해 현실적인 해결책을 만들어내는 실무 전문가"라고 이해하는 것이 정확합니다.

시스템 관리자는 다음과 같은 가치를 제공합니다.

- 영업·서비스·마케팅 팀이 CRM을 실제 업무에 활용할 수 있도록 지원합니다.
- 조직·프로세스·제품이 바뀔 때마다 Salesforce 구조와 기능을 조정합니다.
- KPI Report·Dashboard를 제공하여 데이터 기반 의사결정을 가능하게 만듭니다.
- 자동화, 권한, 보안, 데이터 모델 등을 관리해 시스템을 안정 상태로 유지합니다.

즉 Salesforce Administrator는 "CRM 투자 → 비즈니스 성과"를 연결해주는 핵심 직군입니다.

핵심 개념 정리

1 Administrator vs Developer vs Architect

조직 규모가 커질수록 Salesforce 관련 역할은 다음 세 가지로 분리되는 경향이 있습니다.

- Administrator(시스템 관리자)
- Developer(개발자)
- Architect(아키텍트)

각 역할의 책임과 전문성을 명확히 이해하는 것이 중요합니다.

1) Administrator(시스템 관리자)

Administrator는 비즈니스 요구를 분석하여 코드 없이 설정 기반으로 해결하는 역할을 담당합니다.

주요 업무는 다음과 같습니다.

- Profile(프로필)·Permission Set(사용자 권한 세트) 관리
- Object(오브젝트)·Field(필드) 설계 및 변경
- Flow(플로)를 활용한 자동화 구성
- Page Layout(페이지 레이아웃)·Lightning Record Page 구성
- 보고서·대시보드 생성 및 운영
- 사용자 온보딩·교육·사용 지원
- 데이터 품질 관리(중복 처리, Validation Rule(유효성 규칙) 운영 등)
- 릴리즈 대응 및 운영 중 발생하는 이슈 해결

2) Developer(개발자)

Developer는 설정만으로 해결이 어려운 복잡한 요구를 Apex 코드와 LWC(Lightning Web Component) 등으로 구현하는 역할입니다.

주요 업무는 다음과 같습니다.

- Apex Trigger·Apex Class 개발
- Integration API 구현(내·외부 시스템 연동)
- LWC 기반의 커스텀 UI 개발
- 대량 데이터 처리를 위한 배치(Job) 개발
- 복잡한 비즈니스 로직, 고급 검증 로직 구현

Administrator가 "비즈니스 요구를 구조화"한다면, Developer는 그중 "코드가 필요한 영역을 구현"하는 역할입니다.

3) Architect(아키텍트)

Architect는 Salesforce와 외부 시스템을 포함한 전체 아키텍처를 설계하는 역할입니다. 기업의 전략, 데이터 구조, 보안 요구, 통합 구조 등을 모두 고려해 장기적인 구조를 설계합니다.

주요 업무는 다음과 같습니다.

- 전사 데이터 모델 및 Salesforce 객체 아키텍처 설계
- 권한·보안·공유 모델 전략 수립
- Integration(통합) 구조 설계 (ESB, API, 이벤트 기반 등)
- 멀티 Org 전략 및 거버넌스 설계
- 대규모 자동화, Flow Orchestration 설계
- 성능·거버넌스·Best Practice 기준 정의

정리하면:

- Administrator: 운영·설정·현업 지원 전문가
- Developer: 코드 기반 구현 전문가
- Architect: 전체 구조 설계 및 전략 전문가

세 역할은 상호 보완적 관계이며, 협업을 통해 Salesforce 운영의 완성도를 높입니다.

② Administrator(시스템 관리자)가 관리하는 영역

실제 기업에서 Salesforce Administrator는 다음과 같은 폭넓은 영역을 관리합니다.

1) 사용자·권한 관리

- 신규 입사자 및 조직 변경에 따른 사용자 계정 생성·비활성화
- Profile과 Permission Set의 적절한 조합 설계
- Role Hierarchy(역할 계층)와 Sharing Rule(공유 규칙) 운영
- 로그인 시간, IP 제한 등 보안 정책 적용

권한 관리는 곧 데이터 보안과 직결되므로 Admin 업무 중에서도 가장 중요도가 높은 영역입니다.

2) 데이터 모델 운영

- Object 구조 변경(새 오브젝트 생성, 기존 오브젝트 확장)
- Field 추가·수정·삭제 및 데이터 타입 관리
- Lookup / Master-Detail Relationship 구성 및 재설계

- Validation Rule(유효성 규칙) 운영
- 중복 제거 및 Matching Rule 운영

데이터 모델은 Salesforce 전체의 "뼈대"이기 때문에, 작은 변경도 자동화, 보고서, 통합 등에 광범위한 영향을 줄 수 있습니다. 따라서 Admin은 항상 영향도 분석 후 변경해야 합니다.

3) 프로세스 자동화(Flow) 관리

- Record-Triggered Flow 설계 및 운영
- Screen Flow로 사용자 입력 프로세스 구성
- Schedule-Triggered Flow로 정기 작업 자동화
- Subflow 구조 설계 및 재사용성 확보
- 버전 관리와 충돌 방지(한 오브젝트에 Flow 남발 방지)

자동화는 Salesforce의 강력한 기능이지만, 잘못 설계되면 레코드 잠금, 무한 루프, 성능 저하 등 심각한 문제를 일으킬 수 있습니다. 따라서 Flow 운영은 고도의 주의와 문서화가 필요합니다.

4) UI·페이지 구성

- Lightning Record Page에서 컴포넌트 배치
- Tab(탭)·App(앱)·네비게이션 메뉴 구성
- 사용자 프로파일별로 다른 UI 제공
- 현업의 업무 흐름에 맞는 Layout 최적화

UI 구성은 CRM의 사용자 경험(UX)과 직접 연결됩니다. 동일한 데이터라도 화면이 직관적이면 사용률이 크게 높아집니다.

5) 보고서·대시보드 운영

- KPI 기반 보고서 설계 및 유지보수
- Joined Report 등 복합 보고서 구성
- 경영진/팀장/개인별 맞춤 Dashboard 설계

- 데이터 인사이트 제공(정기 리포트 등)

보고서와 대시보드는 경영진이 CRM을 신뢰하게 만드는 핵심 요소입니다.

6) 보안·감사·릴리즈 대응

- Field-Level Security(필드 수준 보안) 정기 점검
- 감사 로그(Audit Log) 확인
- Salesforce 분기별 릴리즈에 따른 기능 영향도 확인 및 테스트
- Salesforce Shield 도입 시 Event Monitoring 활용

관리자는 전사 데이터 보호와 장애 예방의 최전선에 있습니다.

설정 절차

기업이 Salesforce Administrator 역할을 체계적으로 운영하려면 역할 자체를 제도적으로 설계해야 합니다. 다음 단계는 그 기준이 됩니다.

1 역할 및 책임 정의(R&R)

- Admin이 설정 가능한 영역, 개발자의 역할 범위, 외부 파트너와의 역할 분담을 명확히 합니다.
- 변경 요청 승인 프로세스를 정의합니다.

2 변경 관리(Change Management) 프로세스 정의

- 요구사항 접수 → 영향도 분석 → Sandbox 테스트 → 승인 → Production 배포 → 모니터링
- 이 과정을 반복 가능한 표준 프로세스로 문서화합니다.

3 데이터 품질 기준 수립

- 중복 기준(어떤 필드 조합이 중복인지)
- 필수 입력 기준
  - 유효성 규칙 설계 기준
  - 데이터 보정 주기(예: 월 1회 점검) 등

4 자동화 관리 정책 설정

- Flow Naming Rule(명명 규칙) 정의
- 한 오브젝트당 Flow 수와 구조 기준 정립
- Subflow 활용 표준 정의

5 권한 모델 운영 원칙 설정

- 최소 권한 원칙 적용
- Role 계층 정의 기준
- Sharing Rule 사용 원칙(팀 단위, 지역 단위 등)

6 운영 문서화

- 객체 구조도(ERD)
- 주요 자동화(Flow/Approval) 흐름도
- 권한 매핑표(Profile·Permission Set 구조)
- 릴리즈 테스트 체크리스트

이 절차를 통해 Salesforce Administrator는 안정적이고 예측 가능한 운영 체계를 만들 수 있습니다.

요약

- Salesforce Administrator는 Salesforce 도입과 운영 성공을 좌우하는 핵심 역할입니다.
- Admin, Developer, Architect는 역할과 전문성이 다르며, 협업 구조가 중요합니다.
- 시스템 관리자는 권한, 데이터 모델, 자동화, UI, 보고서, 보안 전반을 관리합니다.
- 안정적인 Salesforce 운영을 위해서는 역할 정의, 프로세스 설계, 문서화가 필수입니다.

실무 적용 패턴

아래는 실제 조직에서 자주 나타나는 Salesforce Admin 운영 패턴입니다.

`패턴 1` 영업 운영 관리자(Sales Ops) + Admin 역할 통합
- 영업기회(Stage) 정의 및 관리
- 팀별 Pipeline Dashboard 운영
- 영업 알림·리마인더 자동화
- 입력 데이터 품질 유지(필수 필드, Validation Rule 등)

영업 중심 조직에서 가장 흔한 역할 구성입니다.

`패턴 2` 서비스 운영 관리자(Service Ops) + Admin 역할 통합
- Case(케이스) 유형·분류 체계 운영
- SLA 기반 자동화(에스컬레이션, 알림) 관리
- CTI(전화 시스템) 연동 설정
- 고객 피드백·CSAT 구조 운영

B2B/B2C 고객지원 조직에서 자주 볼 수 있는 패턴입니다.

`패턴 3` Admin + Developer 협업 운영
- Admin: 구성, 권한, UI, Flow, 보고서 운영
- Developer: API 연동, 복잡한 Trigger, LWC 개발, 대량 처리 로직 구현

기업 규모가 커질수록 이 역할 분리는 사실상 필수에 가깝습니다.

`패턴 4` Admin + 운영 PM 역할 병행
- 요구사항 수집 및 우선순위 조정
- 릴리즈 일정 및 배포 계획 수립
- 전사 보고 체계 정립
- 교육·매뉴얼 관리

이 패턴에서는 Admin이 단순 "설정 담당자"가 아니라 CRM 운영 리더로서의 역할을 수행하게 됩니다.

운영 및 관리 관점의 팁

- 표준 기능을 최대한 활용합니다. 가능하다면 Salesforce의 표준 기능과 설정으로 요구사항을 해결하는 것이 장기적으로 안전합니다.
- Flow 자동화는 반드시 문서화하고 버전 관리를 합니다. 자동화가 복잡해질수록 충돌, 의도치 않은 동작, 유지보수 리스크가 커집니다.
- 데이터 모델 변경은 항상 영향도를 먼저 분석합니다. 하나의 필드가 수십 개의 보고서, Flow, 통합 로직에 연결될 수 있습니다.
- 권한 모델은 최소 권한 원칙으로 설계합니다. 보안 사고의 상당수는 불필요하게 넓은 권한에서 시작됩니다.
- 사용자 교육과 커뮤니케이션을 정기적으로 수행합니다. CRM 도입과 운영의 성공은 결국 "얼마나 잘 쓰이는가"에 달려 있습니다.

실패 사례 / 주의사항

주의해야 할 대표적인 실패 패턴은 다음과 같습니다.

- 전담 Admin 없이 Salesforce를 운영해, 데이터·UI·권한 구조가 빠르게 혼란스러워지는 경우
- 개발자에게 모든 것을 맡겨 설정 기반 운영이 아닌 "코드 중심 CRM"이 되어버리는 경우
- 초기부터 과도한 커스터마이징으로 표준 기능과 업그레이드의 이점을 활용하지 못하는 경우
- 자동화 설계 미흡으로 무한 루프, 레코드 잠금, 업데이트 오류가 발생하는 사례
- 권한을 요구하는 대로 무분별하게 부여하여 내부 보안 취약성이 커지는 경우
- 운영 문서화가 없어서 담당자 이직 시 전체 구조를 아무도 이해하지 못하게 되는 상황

가장 위험한 상태는 다음과 같습니다.

"관리자 없이 Salesforce를 운영하거나, 한 사람이 Admin·Developer·Architect를 모두 혼자 맡는 상황."

[사례]	제조기업의 **Salesforce** 운영 체계 확립
문제상황	· 전담 Admin 없이 3년간 여러 사용자가 자유롭게 필드를 생성했습니다. · 자동화(Workflow, Process Builder, Flow)가 섞여 있어 영업기회 업데이트 시 오류가 자주 발생했습니다. · 보고서가 200개 이상 존재했지만, 실제 사용하는 것은 20% 미만이었습니다. · 사용자별 권한이 제각각이라, 보안 위험과 혼란이 증가했습니다.
해결과정	· 전담 Salesforce Administrator를 배치했습니다. · 데이터 모델을 재설계하고, 중복 필드를 통합·정리했습니다. · 자동화 구조를 Flow 중심으로 재편하고, Subflow를 도입해 복잡도를 낮췄습니다. · Profile 및 Permission Set을 재설계해, 역할 기반 권한 구조를 정립했습니다. · KPI 중심 Dashboard를 재구축했습니다. · 운영 구조와 설정 내용을 문서화하고, 정기 사용자 교육을 시행했습니다.
결과	· CRM 사용률이 약 40%에서 85% 수준으로 상승했습니다. · 데이터 입력 오류가 60% 이상 감소했습니다. · 자동화 성공률이 99% 이상으로 안정화되었습니다.

실습

1. Administrator, Developer, Architect의 역할 차이를 표 형태(열: 역할, 행: 주요 책임)로 정리해 보십시오.

2. Salesforce 운영에서 Admin이 반드시 문서화해야 한다고 생각하는 항목을 5가지 이상 작성해 보십시오.

예) 객체 구조도, Flow 목록, 권한 매핑표 등

1. Salesforce Administrator의 주요 업무가 아닌 것은 무엇입니까?
   A. Flow 자동화 구성   B. Apex Trigger 개발   C. 보고서·대시보드 구성

2. Developer가 주로 담당하는 기능은 무엇입니까?
   A. Role Hierarchy 관리
   B. Apex 기반 비즈니스 로직 구현
   C. Validation Rule 생성

3. 권한 구조 운영에서 가장 중요한 원칙은 무엇입니까?
   A. 최대 권한 부여   B. 최소 권한 원칙   C. 모든 사용자 동일 권한

정답) 1. B / 2. B / 3. B

PART 2

초급
Salesforce 이해하기

Salesforce 구조와 핵심 기능을 익혀 UI 구성·권한
설정·기초 보고서를 수행할 수 있습니다.

1장
Salesforce 환경 구조 이해

Salesforce를 처음 접하면 많은 사용자가 이렇게 말합니다.

Org(조직), App(앱), Object(오브젝트), Record(레코드)라는 용어가 등장하고, Lightning Experience(라이트닝 익스피리언스) UI, Setup(설정) 메뉴까지 더해지면 구조를 이해하지 못한 상태에서 기능부터 배우는 일이 흔합니다.
이렇게 되면,

- 화면은 익숙해지는데, 구조는 끝까지 이해하지 못하고
- 설정 변경 시 "이게 전체에 어떤 영향을 주는지" 판단하기 어렵고
- Admin·Developer와 대화할 때 같은 용어를 써도 서로를 이해하지 못하는 상황이 발생합니다.

따라서 Salesforce를 제대로 사용·운영하려면 가장 먼저 환경 구조(Org/App/Object/Record)와 UI·Setup 구조부터 이해해야 합니다.

개요

이 Chapter에서는 Salesforce의 기초 구조를 다음 네 가지 관점에서 정리합니다.

1. Org(조직) / App(앱) / Object(오브젝트) / Record(레코드) 구조

2. Standard Object(표준 오브젝트)의 역할

3. Lightning Experience(라이트닝 익스피리언스) UI 구성 요소

4. Setup(설정) 계층 구조와 관리 영역

이 네 가지를 이해하면, "내가 지금 어디에서 무엇을 보고 있는지"와 "어디에서 어떤 설정을 해야 하는지"를 명확하게 파악할 수 있습니다.

핵심 개념 정리

1 Org(조직) / App(앱) / Object(오브젝트) / Record(레코드) 구조

Salesforce는 계층적으로 구성됩니다. 개념을 위에서 아래로 내려가며 이해하면 쉽습니다.

1) Org(조직)

- 하나의 Salesforce Org는 하나의 "회사 또는 시스템 인스턴스"에 해당합니다.
- 로그인 URL, 데이터베이스, 설정, 사용자, 보안 정책 등이 Org 단위로 묶여 있습니다.

2) App(앱)

- Org 안에 여러 App이 존재하며, 각 App은 특정 업무 영역(예: Sales, Service)을 위한 메뉴 모음입니다.
- 상단 App Launcher(앱 런처) 또는 탭 바에서 App을 전환할 수 있습니다.

3) Object(오브젝트)

- 데이터가 저장되는 "테이블" 개념입니다.
- 예) Account(계정), Contact(연락처), Opportunity(영업기회), Case(케이스) 등
- 하나의 Org 안에 표준 오브젝트 + 사용자정의 오브젝트가 함께 존재합니다.

4) Record(레코드)

- 오브젝트에 저장된 개별 데이터 행(row)에 해당합니다.
- 예) 'ABC 주식회사'라는 하나의 Account 레코드, '홍길동'이라는 하나의 Contact 레코드.

정리하면:

Org 안에 여러 App이 있고, App은 여러 Object를 포함하며, 각 Object가 여러 Record를 가진다.

❷ Standard Object(표준 오브젝트) 역할

Salesforce에는 이미 설계된 표준 오브젝트(Standard Object)가 제공됩니다.

- Account(계정): 고객사, 파트너사, 공급사 등 회사 단위 정보
- Contact(연락처): 고객사에 속한 사람(개인) 정보
- Lead(리드): 잠재 고객, 아직 고객으로 확정되지 않은 접점
- Opportunity(영업기회): 실제 매출 가능성이 있는 거래 기회
- Case(케이스): 고객 문의·불만·요청에 대한 티켓(고객지원)
- Campaign(캠페인): 마케팅 활동 단위

표준 오브젝트는 CRM Best Practice를 기반으로 설계되어 있기 때문에 가능하면 먼저 표준 오브젝트로 구현하고, 부족할 때 Custom Object(사용자정의 오브젝트)를 추가하는 것이 좋습니다.

❸ Lightning Experience(라이트닝 익스피리언스) UI 구성 요소 이해

Lightning Experience UI는 사용자가 업무를 빠르게 수행할 수 있도록 여러 구성 요소를 제공합니다.

대표 요소는 다음과 같습니다.

- App Launcher(앱 런처)
  - 왼쪽 상단 그리드 아이콘으로, 사용 가능한 App 목록을 띄웁니다.

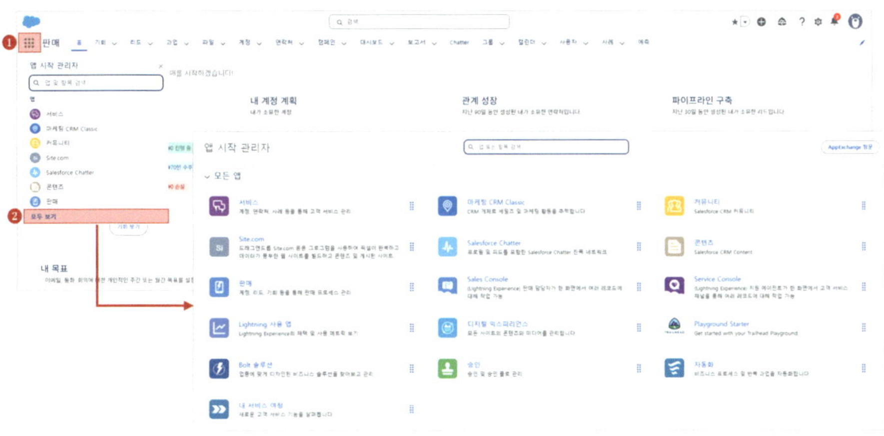

- 탭(Tab) 바
  - 현재 App 안에서 접근 가능한 오브젝트(Accounts, Contacts 등)와 기능 (Home, Reports 등)을 탭 형태로 제공합니다.
- List View(목록 보기)
  - 오브젝트별 레코드 목록 화면입니다. 필터를 적용해 "내 계정", "이번 분기 기회" 등 다양한 뷰를 만들 수 있습니다.

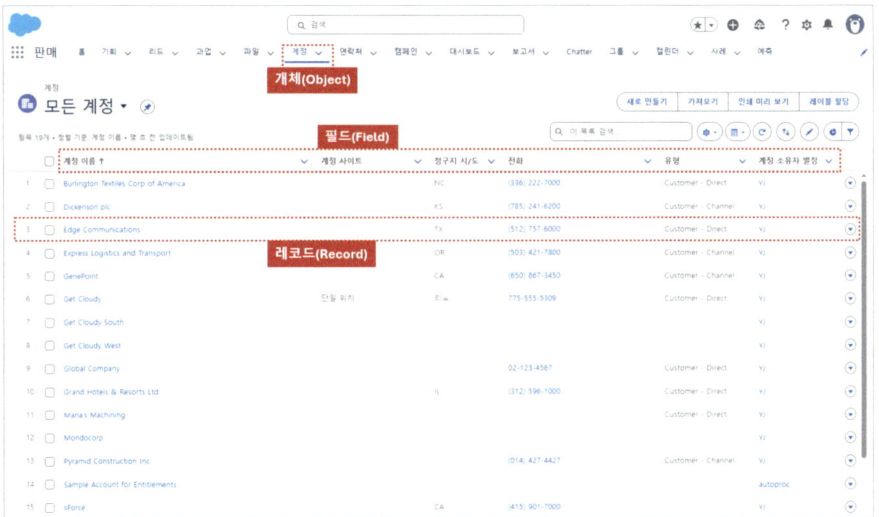

- Record Page(레코드 페이지)
  - 개별 레코드에 대한 상세 화면입니다.
  - 상단 Highlights Panel, 상세 필드 정보, Related List(관련 목록) 등이 포함됩니다.

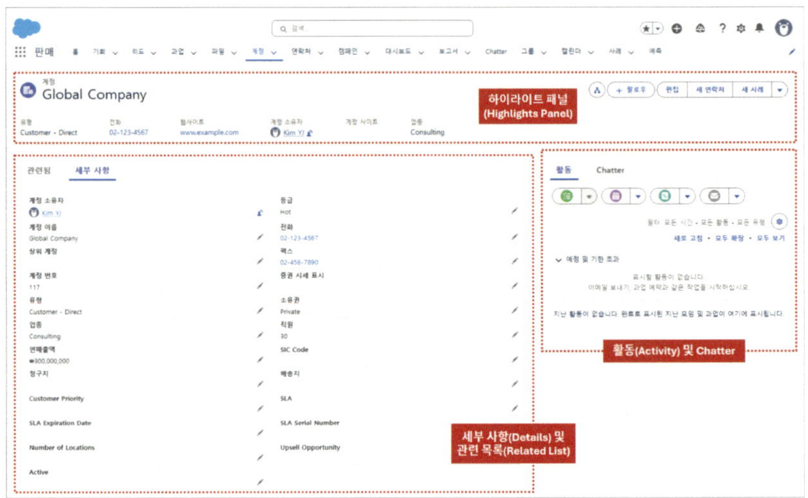

- Global Search(전역 검색)
  - 상단 검색창에서 Org 전체 레코드를 검색할 수 있습니다.

이 UI 요소를 이해하면, 화면이 복잡해 보이더라도 "지금 내가 어떤 오브젝트의 어떤 레코드를, 어떤 App 안에서 보고 있는지"를 명확하게 인식할 수 있습니다.

4 Setup(설정) 계층 구조와 관리 영역 이해

Setup(설정) 메뉴는 Salesforce를 관리하는 "관리자용 콘솔"입니다.

주요 영역은 다음과 같이 구분됩니다.

1) Administration(관리)

- Users(사용자), Profiles(프로필), Permission Sets(사용자 권한 세트), Roles(역할)
- 보안, 로그인 정책, 회사 정보 등 조직·사용자·보안 관련 설정을 담당합니다.

2) Object Manager(오브젝트 매니저)

- 각 오브젝트의 데이터 구조와 화면, 입력 규칙을 정의·통제하여 CRM 데이터의 일관성과 업무 표준을 유지하는 역할을 수행합니다.
- 데이터 구조와 화면 구성을 설계하는 핵심 영역입니다.

3) Platform Tools(플랫폼 도구)

- Flow(플로), Approval Process(승인 프로세스), Report(보고서), Dashboard(대시보드), Apex, API 등
- 자동화·분석·개발·통합 관련 설정이 포함됩니다.

Admin은 Setup 구조를 통해 어떤 설정을 어디에서 해야 하는지를 명확히 알고 있어야 합니다.

설정 절차

처음 Salesforce 구조를 잡을 때는 다음 순서로 진행하면 안정적입니다.

1 Org 단위 정책 확인

회사 정보, 통화·시간대, 언어, 로그인 보안 정책 등을 설정합니다.

2 App 구성 설계

- 실제 사용자 그룹(영업, 서비스, 마케팅 등)에 맞춰 필요한 App을 정의합니다.
- 각 App에 어떤 탭(오브젝트)을 노출할지 결정합니다.

3 Object 구조 검토

- 표준 오브젝트로 구현 가능한 영역을 먼저 검토합니다.
- 부족한 부분이 있으면 Custom Object 추가를 계획합니다.

4 Record Page·Page Layout 초안 구성

각 오브젝트별로 필수로 봐야 할 필드, 관련 목록을 정리해 레이아웃을 설계합니다.

5 Setup 내 권한·보안 영역 점검

Profile·Permission Set·Role 구조의 기본 설계를 진행합니다.

6 사용자 관점에서 UI 점검

샌드박스 환경에서 실제 사용자 계정으로 로그인하여 App·탭·페이지가 자연스럽게 보이는지 확인합니다.

> **요약**
>
> · Salesforce는 Org → App → Object → Record 구조로 동작합니다.
> · 표준 오브젝트는 CRM Best Practice를 반영하고 있어 가능한 한 먼저 활용해야 합니다.
> · Lightning Experience UI는 App Launcher, 탭, List View, Record Page로 구성됩니다.
> · Setup은 관리자 중심의 설정 콘솔로, Administration·Object Manager·Platform Tools 세 축으로 이해하면 됩니다.

실무 적용 패턴

패턴 1 역할별 App 분리
- 영업용 App: Accounts, Contacts, Leads, Opportunities, Reports
- 서비스용 App: Cases, Knowledge, Service Console, Reports
- 경영진용 App: Dashboards, Reports 중심 구성

→ 사용자별로 필요한 화면만 보여줘 복잡도를 줄이고, 사용성을 높입니다.

패턴 2 오브젝트 구조 표준화 후 Custom 최소화
- Account/Contact/Opportunity/Case를 기본 축으로 사용
- 파생 정보는 Custom Object로 분리
- Custom Object는 명명 규칙(접두사 등)을 통일

→ 데이터 모델을 단순·명확하게 유지하여 보고서·통합·자동화를 설계하기 쉽게 만듭니다.

패턴 3 Setup 접근 권한 분리
- 시스템 관리자용 Profile에는 Setup 전체 접근 허용
- 일반 사용자에게는 Setup 접근을 제한
- 일부 운영 담당자에게만 특정 관리 권한(예: 보고서, 대시보드 관리)을 부여

→ 실수로 인한 구조 변경 위험을 줄이고, 운영 안정성을 확보합니다.

운영 및 관리 관점의 팁

- Org/App/Object/Record 관계를 그림으로 한 번 정리해 두는 것이 좋습니다.
- 표준 오브젝트로 해결 가능한 요구는 되도록 표준으로 처리하고, Custom Object는 꼭 필요한 경우에만 생성합니다.
- Lightning Record Page와 Page Layout 구조는 실제 사용자와 함께 보고 피드백을 받아 개선합니다.
- Setup 영역은 처음에는 "Administration → Object Manager → Platform Tools" 세 구성을 나누어 바라보면 헷갈리지 않습니다.
- 구조를 바꾸기 전에는 항상 "이 변경이 어떤 App·사용자·자동화에 영향을 줄지" 미리 점검하는 습관이 중요합니다.

실패 사례 / 주의사항

- App에 너무 많은 탭을 넣어 사용자가 오히려 길을 잃는 경우
- 필요 이상으로 많은 Custom Object를 만들고 표준 오브젝트를 활용하지 않는 경우
- Lightning Record Page에 컴포넌트를 과도하게 배치해 화면이 복잡하고 느려지는 경우
- Setup에서 구조를 변경했지만, 문서화·공유 없이 운영해 나중에 원인을 추적하기 어려운 상황
- 여러 관리자가 동시에 구조를 바꾸면서 일관성이 깨지는 경우

환경 구조는 한 번 잘못 잡아두면 모든 Chapter(데이터, 권한, 자동화, 보고서)에 영향을 미치기 때문에 처음 설계가 매우 중요합니다.

실무 사례

[사례]	도입 초기 환경 구조 재정비
문제상황	· 도입 초기, 모든 사용자가 동일 App에서 모든 오브젝트 탭을 보도록 설정되어 있었습니다. · 영업과 서비스가 같은 화면을 사용하다 보니 "내 업무가 아닌 탭"이 너무 많아 혼란이 생겼습니다.
개선작업	· 영업 전용 App과 서비스 전용 App을 분리했습니다. · 각 App에 필요한 탭만 배치했습니다. · Lightning Record Page를 프로파일별로 다르게 구성했습니다.
결과	· 사용자별로 필요한 화면만 보이게 되면서 시스템에 대한 거부감이 줄어들었습니다. · 교육 난이도가 낮아지고 CRM 사용률이 향상되었습니다.

1. Org, App, Object, Record의 관계를 도식(간단한 구조도)으로 그려보십시오.

2. 현재(또는 가상의) 회사에서 1) 영업용 App 2)서비스용 App 3) 경영진용 App에 어떤 탭(오브젝트)을 배치할지 목록을 설계해 보십시오.

Quiz

1. 다음 중 Salesforce 구조를 위에서 아래로 올바르게 나열한 것은 무엇입니까?
   A. Object → Org → App → Record
   B. Org → App → Object → Record
   C. App → Org → Record → Object

2. Setup(설정) 화면에서 오브젝트 필드를 관리하는 영역은 어디입니까?
   A. Administration   B. Object Manager   C. Platform Tools

3. 표준 오브젝트가 아닌 것은 무엇입니까?
   A. Account   B. Contact   C. Sales Project

정답) 1. B / 2. B / 3. C

2장
데이터 모델

Salesforce를 조금 쓰다 보면 이런 상황에 자주 부딪힙니다.

> "필드를 하나 더 만들었더니, 보고서가 이상하게 나옵니다."
> "관계를 잘못 맺은 것 같은데, 수정하려니 어디부터 손대야 할지 모르겠습니다."
> "이 오브젝트에 있는 데이터를 다른 오브젝트와 연결하고 싶은데, 구조가 헷갈립니다."

이 모든 문제의 공통 원인은 데이터 모델(Data Model)에 대한 이해 부족입니다.
데이터 모델은 단순히 "필드를 몇 개 더 만드는 수준"이 아니라, 어떤 오브젝트에 어떤 데이터를 저장하고, 오브젝트 간의 관계를 어떻게 설계할지에 대한 전체 구조입니다.

데이터 모델을 잘못 설계하면

- 보고서·대시보드 설계가 어려워지고
- 자동화·통합에 제약이 생기며
- 나중에 구조를 바꾸는 비용이 매우 커집니다.

따라서 Admin에게 데이터 모델 기초 이해는 필수 역량입니다.

개요
이 Chapter에서는 데이터 모델의 기초를 다음 네 가지 관점에서 다룹니다.

1. Custom Object(사용자정의 오브젝트) 생성

2. Field(필드) 생성 및 Field Type(필드 유형) 선택 기준

3. Lookup Relationship(조회 관계) / Master-Detail Relationship(마스터-디테일 관계) 이해

4. 핵심 원칙: 데이터 모델 = Object + Field + Relationship

이 네 가지를 이해하면, "Salesforce에 어떤 데이터를 어떻게 저장해야 하는지"에 대한 기본 감각을 갖게 됩니다.

핵심 개념 정리

1️⃣ Custom Object(사용자정의 오브젝트) 생성

표준 오브젝트만으로 모든 요구사항을 처리하기 어려운 경우, 새로운 데이터 엔터티를 정의하기 위해 Custom Object를 생성합니다.

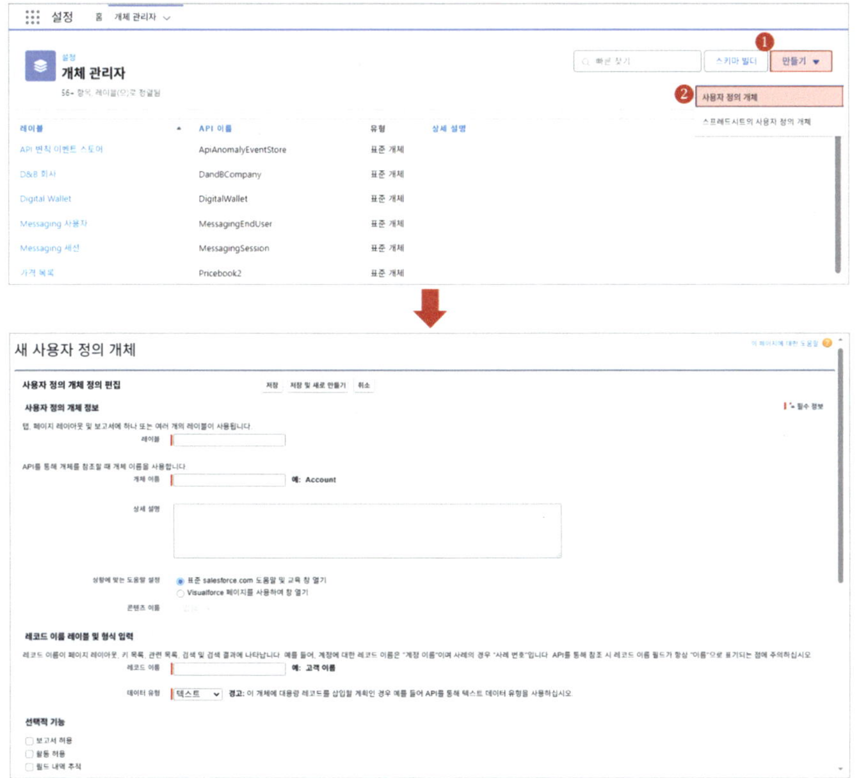

예)

- 프로젝트(Project__c)

- 계약서(Contract_Detail__c)

- 설치 자산(Installed_Asset__c)

Custom Object 생성 시 고려할 점

- 정말 새로운 오브젝트가 필요한지, 아니면 기존 표준 오브젝트의 확장(필드 추가)으로 해결할 수 있는지 검토합니다.
- Label(레이블), API Name(예: Project__c)을 명확한 규칙에 따라 정의합니다.
- 보고서·권한·페이지 레이아웃 등 전체 구조에 미치는 영향을 고려합니다.

2 Field(필드) 생성 및 Field Type(필드 유형) 선택 기준

Field는 오브젝트에 저장되는 개별 속성입니다. Field Type(필드 유형)을 잘못 선택하면 나중에 변경이 어려운 경우가 많기 때문에 처음 설계가 중요합니다.

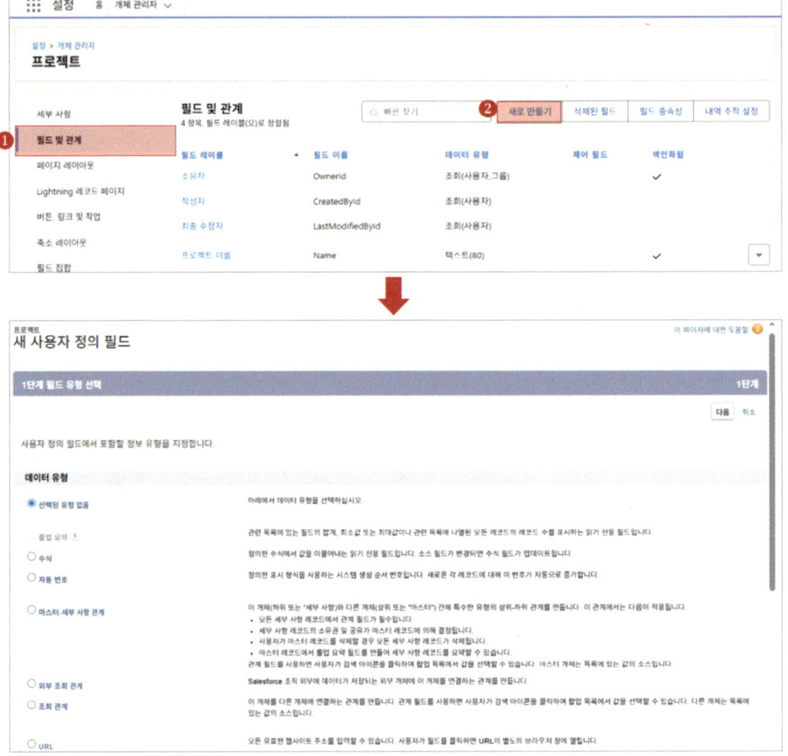

대표적인 Field Type과 선택 기준은 다음과 같습니다.

1) Text(텍스트)

- 자유 입력이 필요한 경우 사용합니다.
- 단, 너무 많은 Text 필드는 데이터 품질을 떨어뜨릴 수 있습니다.

2) Number(숫자) / Currency(통화)

- 수치 계산, 합계, 평균, 보고서 집계가 필요한 경우 사용합니다.

3) Date / DateTime

- 특정 시점(생성일, 마감일 등)을 관리할 때 사용합니다.

4) Picklist(선택목록)

- 값의 종류가 제한되어 있고, 목록 중 하나를 선택해야 할 때 사용합니다.
- 표준화된 값을 유지할 수 있어 보고서·필터·조건식에 유리합니다.

5) Checkbox(체크박스)

- 예/아니오(Yes/No) 형태의 단일 조건일 때 사용합니다.

6) Formula(수식)

- 다른 필드 값을 기반으로 자동 계산해야 할 때 사용합니다.
- 예) 금액 * 할인율, 오늘 날짜 - 계약 시작일

Field Type 선택 기준은 "이 값이 어떻게 사용될 것인가(검색, 필터, 집계, 계산)"를 기준으로 판단해야 합니다.

❸ Lookup Relationship vs Master-Detail Relationship

오브젝트 간 관계를 표현할 때 Salesforce는 대표적으로 두 가지 Relationship을 제공합니다.

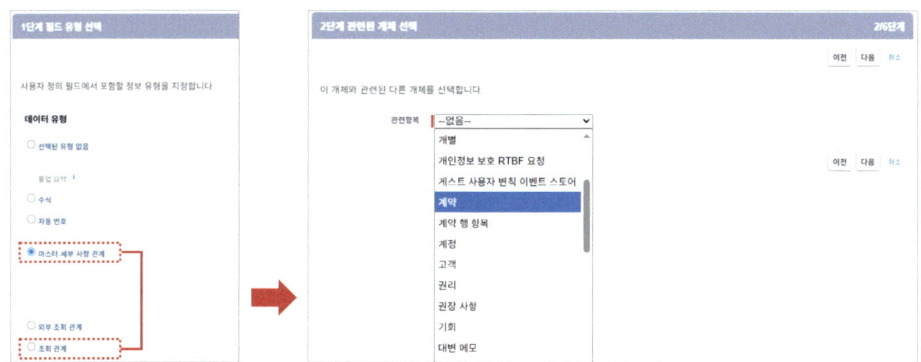

1) Lookup Relationship(조회 관계)

- 느슨한 관계입니다.
- 자식 레코드가 부모 없이도 존재할 수 있습니다.
- 예) Contact가 특정 Custom Object를 참조할 때 등
- 삭제·소유권·공유 규칙이 비교적 독립적입니다.

2) Master-Detail Relationship(마스터-디테일 관계)

- 강한 종속 관계입니다.
- 자식 레코드는 반드시 부모 레코드와 함께 존재해야 합니다.
- 부모가 삭제되면 자식도 함께 삭제됩니다.
- 자식 레코드의 소유권과 공유 설정은 부모를 따릅니다.
- Roll-Up Summary(롤업 요약) 필드를 사용할 수 있는 장점이 있습니다.

선택 기준은 다음과 같이 정리할 수 있습니다.

1. 자식 레코드가 부모 없이도 존재할 수 있어야 한다 → Lookup
2. 자식 레코드가 반드시 특정 부모에 속해야 한다 → Master-Detail
3. 부모 기준으로 자식의 합계/개수 등을 계산해야 한다 → Master-Detail + Roll-Up Summary

4 핵심 원칙: 데이터 모델 = Object + Field + Relationship

Salesforce 데이터 모델을 요약하면 다음과 같습니다.

데이터 모델 = 어떤 오브젝트(Object)에 어떤 필드(Field)를 만들고, 오브젝트 간 관계(Relationship)를 어떻게 설계할 것인가.

따라서 Admin은 새로운 요구사항이 나올 때마다 "새 필드를 추가할까?"가 아니라 "어떤 오브젝트에, 어떤 관계로, 어떤 필드 타입으로 설계해야 할까?"를 우선 생각해야 합니다.

설정 절차

새로운 데이터 모델을 설계할 때는 다음 절차를 따르는 것이 좋습니다.

1 업무 개념 정리

어떤 "실체(엔터티)"가 필요한지 정의합니다. 예) 계약, 프로젝트, 설비, 점검 이력 등

2 표준 오브젝트 활용 여부 검토

Account, Contact, Opportunity, Case 등 기존 표준 오브젝트로 표현 가능한지 확인합니다.

3 Custom Object 설계

실제로 새로운 오브젝트가 필요하다면 Label, API Name, 탭 표시 여부 등을 정의합니다.

4 Field 목록 및 타입 정의

각 오브젝트에 필요한 필드를 목록으로 정리하고 필드 타입(Text, Number, Picklist, Lookup 등)을 결정합니다.

5 Relationship 설계

어떤 오브젝트가 부모/자식 관계인지 정하고 Lookup 또는 Master-Detail 중 어느 것을 사용할지 결정합니다.

6 페이지 레이아웃 및 Record Page 구성

사용자가 데이터를 입력·조회하기 쉽도록 필드·섹션 구성을 설계합니다.

7 Validation Rule 및 데이터 품질 규칙 설정

반드시 필요한 값, 형식 제약, 비즈니스 규칙 등을 Validation Rule로 정의합니다.

요약

- 데이터 모델은 어떤 오브젝트에 어떤 필드를 만들고, 오브젝트 간 관계를 어떻게 연결할지에 대한 설계입니다.
- Custom Object는 꼭 필요한 경우에만 만들고, 표준 오브젝트 활용을 우선 검토해야 합니다.
- Lookup과 Master-Detail 관계는 종속성·삭제 방식·Roll-Up 활용 여부를 기준으로 선택합니다.
- 좋은 데이터 모델은 보고서, 자동화, 통합 설계의 기반이 됩니다.

실무 적용 패턴

패턴 1 계약/프로젝트 관리 오브젝트 추가

- 표준 Opportunity만으로는 계약 상세 이력 관리가 어려운 경우, Contract(계약) 또는 Project(프로젝트) Custom Object를 생성합니다.
- Account·Opportunity와 Master-Detail 또는 Lookup 관계를 설계해 전체 흐름을 추적합니다.

패턴 2 이력 관리용 Custom Object 설계

- 고객사를 대상으로 한 방문 이력, 교육 이력 등 "반복 발생하는 이벤트"는 별도 Custom Object로 분리합니다.
- Account/Contact와 Lookup 관계를 맺고 Related List로 보여줍니다.

패턴 3 코드값 관리용 Picklist + Record Type 조합

- 제품군, 서비스 유형, 산업군 등은 Picklist로 관리하고
- B2B/B2C 등 다른 사업 영역은 Record Type으로 분리해 다른 값 세트를 보여주도록 설계합니다.

운영 및 관리 관점의 팁

- 필드를 만들기 전에 "이 값이 나중에 보고서/필터/자동화에서 어떻게 쓰일 것인지"를 먼저 생각합니다.
- Lookup과 Master-Detail은 나중에 변경이 까다롭기 때문에 처음 설계 시 신중하게 선택해야 합니다.
- Custom Object는 늘릴수록 관리 복잡도가 증가하므로 표준 오브젝트 확장으로 해결 가능한지 항상 검토합니다.
- 데이터 모델 변경 시에는 기존 데이터, 자동화(Flow), 보고서, 통합에 미치는 영향을 반드시 확인합니다.
- 데이터 모델 설계는 가능하면 다이어그램(ERD)으로 정리해 두는 것이 좋습니다.

실패 사례 / 주의사항

- "필요해 보인다"는 이유만으로 Custom Object와 필드를 무분별하게 생성하는 경우
- 관계를 잘못 설계해, 나중에 Master-Detail로 바꾸지 못하거나 Roll-Up Summary를 활용하지 못하는 경우
- Text 필드만 과도하게 사용해, 나중에 집계·필터·조건식 작성이 어려워지는 경우
- Validation Rule 없이 운영해 데이터 품질이 떨어지고, 보고서가 신뢰를 잃는 경우

데이터 모델은 한번 잘못 설계하면 고치기 위해 많은 시간과 비용이 들어가는 영역입니다.

실무 사례

[사례]	유지보수 서비스 기업의 데이터 모델 개선
문제상황	· 초기에는 모든 정보를 Case 하나에만 저장했습니다. · 시간이 지나면서 계약 정보, 장비 정보, 점검 이력 등이 뒤섞여 보고서 작성과 분석이 힘들어졌습니다.
개선작업	· "장비(Asset__c)", "점검 이력(Inspection__c)" Custom Object를 생성하고, Account 및 Case와 관계를 재설계했습니다. · 점검 이력 수, 장비별 장애 횟수 등을 Roll-Up Summary와 보고서로 분석 가능해졌습니다.
결과	· 장애 원인 분석이 수월해졌고, · 예방 정비(Preventive Maintenance) 전략을 수립할 수 있게 되었습니다.

1. 현재(또는 가상의) 회사에서 "프로젝트"라는 개념을 Salesforce에 도입한다고 가정하고, 어떤 오브젝트와 관계 구조가 필요할지 설계해 보십시오.

2. 같은 데이터라도 1) Text 필드로 관리했을 때/ 2) Picklist 필드로 관리했을 때 보고서·필터·자동화에서 어떤 차이가 발생할지 비교해 보십시오.

Quiz

1. Salesforce 데이터 모델을 가장 잘 설명하는 것은 무엇입니까?

   A. 화면 디자인 방식   B. 오브젝트·필드·관계 설계   C. 사용자 교육 계획

2. Master-Detail Relationship의 특징으로 올바른 것은 무엇입니까?

   A. 부모 없이 자식 레코드가 존재할 수 있다.
   B. 부모가 삭제되면 자식도 함께 삭제된다.
   C. Roll-Up Summary를 사용할 수 없다.

3. Field Type 선택 시 가장 중요한 고려 사항은 무엇입니까?

   A. 화면에 보이는 필드 개수
   B. 값이 보고서·필터·계산에서 어떻게 사용될지
   C. 필드 라벨의 길이

정답) 1. B / 2. B / 3. B

3장
UI 구성

데이터 모델을 잘 설계해도, 사용자가 화면에서 정보를 찾기 어렵다면 CRM은 제대로 사용되지 않습니다.

> "필드가 너무 많아서 중요한 정보를 찾기 힘듭니다."
>
> "매번 스크롤을 많이 내려야 해서 입력하기 불편합니다."
>
> "관련 정보가 한눈에 보이지 않습니다."

이러한 문제는 대부분 UI 구성(Page Layout, Record Page, Tab 구조)을 사용자 관점에서 설계하지 않았기 때문에 발생합니다. 따라서 Admin은 데이터 구조와 함께 UI 구조를 설계하는 역할을 중요하게 인식해야 합니다.

개요

이 Chapter에서는 다음 네 가지 UI 구성 요소를 다룹니다.

1. Page Layout(페이지 레이아웃) 구성
2. Compact Layout(컴팩트 레이아웃) 구성
3. Tab(탭) 생성 및 App(앱) 배치
4. App Launcher(앱 런처)와 네비게이션 구조 이해
5. Record Page(레코드 페이지)와 Related List(관련 목록) 표시 원리

이를 통해 "사용자가 어떤 화면에서 어떤 정보를 보게 할 것인지"를 설계할 수 있게 됩니다.

핵심 개념 정리

1 Page Layout(페이지 레이아웃) 구성

Page Layout은 사용자가 어떤 필드와 관련 리스트를 보게 할지를 결정하는 기본 화면 구성 요소입니다.

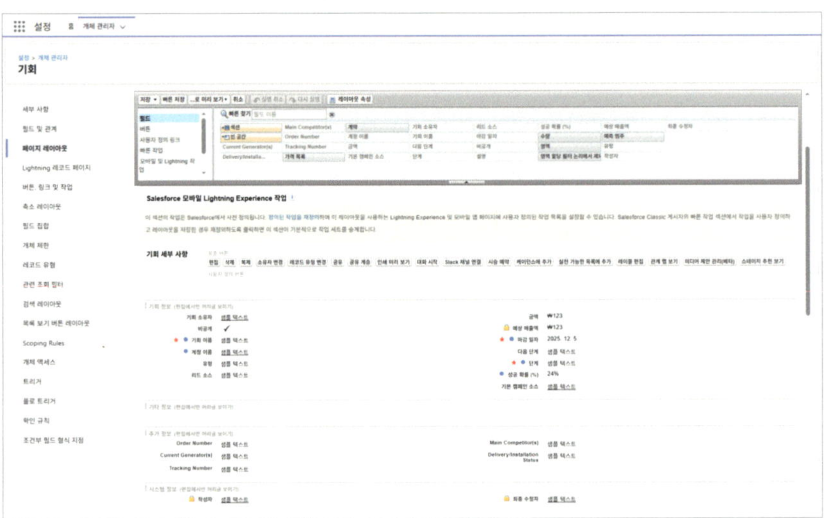

Page Layout의 주요 역할은 다음과 같습니다.

- 필드 배치(섹션 구성)
- 필수 입력 필드 표시
- 버튼, 링크, 관련 목록(Activities, Cases, Opportunities 등) 표시
- 특정 프로파일(Profile)에 따라 서로 다른 화면 제공

Page Layout은 주로 데이터 입력/수정/조회에 필요한 핵심 정보를 정리하는 데 활용됩니다.

2 Compact Layout(컴팩트 레이아웃) 구성

Compact Layout은 레코드 페이지의 상단 Highlights Panel(요약 패널)에 어떤 필드를 보여줄지 결정합니다.

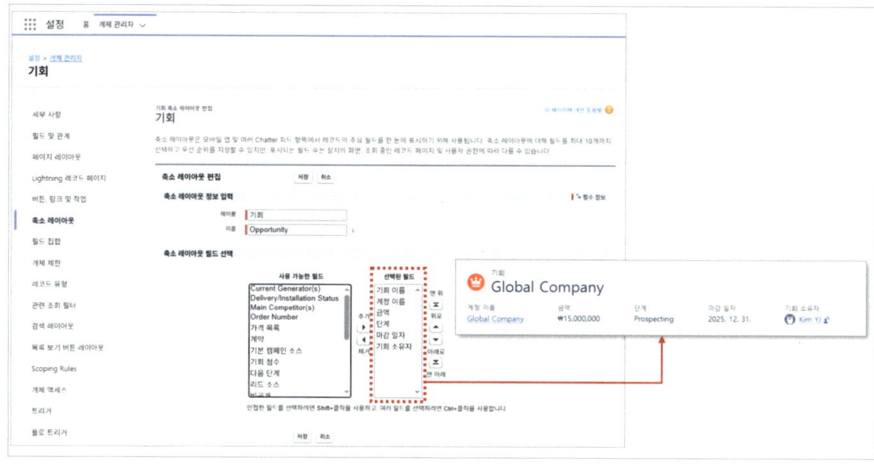

예) Opportunity에서 상단에

   - 금액

   - 단계(Stage)

   - 마감일

   - 담당자

등을 간단히 보여주는 구성입니다.

Compact Layout을 잘 구성하면 사용자가 스크롤 없이도 중요한 정보를 빠르게 확인할
수 있습니다.

❸ Tab(탭) 생성 및 App(앱) 배치

App은 사용자별로 필요한 탭(오브젝트)을 묶어 놓은 "업무별 메뉴 세트"입니다.

- 영업 App: Leads, Accounts, Contacts, Opportunities
- 서비스 App: Cases, Knowledge, Service Console
- 마케팅 App: Campaigns, Reports

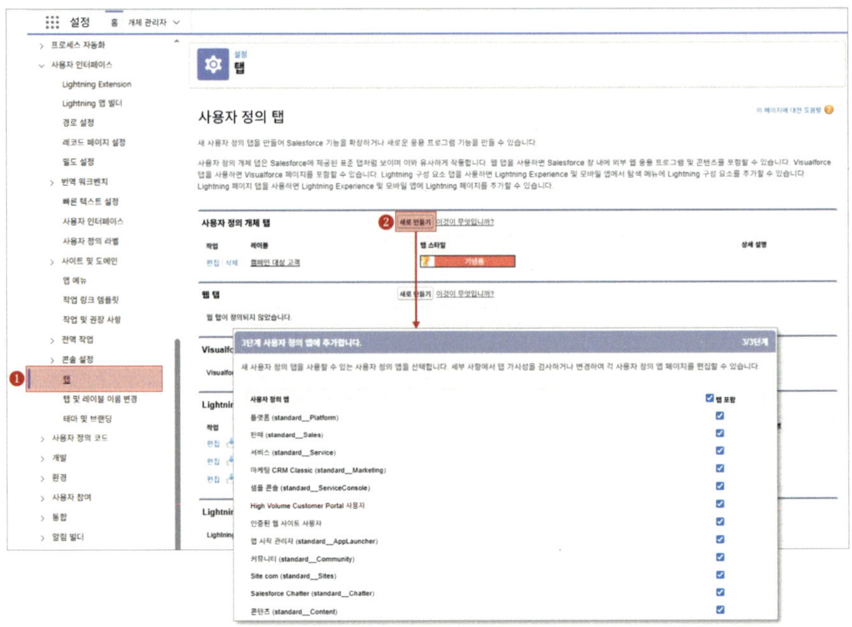

Admin은 Tab을 생성하고, 각 Tab을 어떤 App에 배치할지 설계합니다.

④ App Launcher(앱 런처)와 네비게이션 구조 이해

App Launcher는 Salesforce에서 사용할 수 있는 모든 App을 표시해주는 시작 지점입니다. 사용자는 App Launcher를 통해 업무별 App을 쉽게 전환할 수 있습니다.

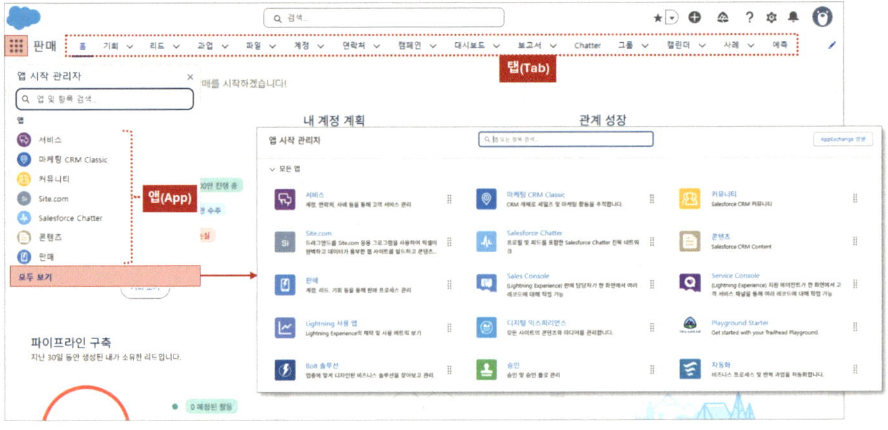

- 영업팀: Sales App
- 서비스팀: Service Console
- 경영진: Executive Dashboard App

App Launcher는 Salesforce 사용성을 좌우하는 핵심 기능입니다.

5️⃣ Record Page(레코드 페이지)와 Related List(관련 목록) 표시 원리

Record Page는 단순한 상세 페이지가 아니라, 사용자·프로파일·페이지 레이아웃·Lightning App Builder 구성 요소에 따라 다르게 보입니다.

Record Page 구성 요소:

- Highlights Panel (Compact Layout 기반)
- Details(세부 정보)
- Related List (연관된 오브젝트 목록)
- Activities(활동)
- Custom Component(LWC 컴포넌트 추가 가능)

Related List는 "오브젝트 간 Relationship이 있는 경우"에만 표시할 수 있으며, Lookup 또는 Master-Detail 관계에 따라 표시되는 정보가 달라집니다.

설정 절차

1 사용자 그룹별 화면 요구 분석

- 영업과 서비스는 서로 필요한 화면이 완전히 다릅니다.
- 부서별로 "필요한 데이터"를 먼저 수집합니다.

2 Page Layout 기본 구성

- 필드 순서, 필수값, 섹션 구성을 정리합니다.
- 불필요한 필드는 숨겨 화면을 단순화합니다.

3 Compact Layout 설계

사용자가 가장 자주 확인하는 필드(예: 금액/상태/기한)를 상단에 배치합니다.

4 Lightning App Builder로 Record Page 구성

- Standard Component와 Related List를 적절히 배치합니다.
- 프로파일별로 다른 화면을 제공할 수도 있습니다.

5 App과 Tab 구조 설계

사용자 역할에 따라 App을 구분하고, 탭 목록을 구성합니다.

6 사용자 테스트

실제 사용자 계정으로 로그인해 화면 흐름을 점검합니다.

요약

- Page Layout과 Record Page는 사용자 경험을 결정하는 핵심 요소입니다.
- Compact Layout은 요약 정보를 표시하는 구성 요소로 필수 이해 대상입니다.
- App·Tab 구성은 사용자 역할에 맞게 설계해야 혼란을 줄일 수 있습니다.
- Related List는 오브젝트 간 Relationship 설계와 직결됩니다.

실무 적용 패턴

`패턴 1` 필드 최소화 + 중요 정보 강조

- 상세 정보는 아래로 배치
- 상단에는 4~6개의 핵심 필드만 표시 → 화면 단순화로 사용성이 향상됩니다.

`패턴 2` 프로파일별 Record Page 분리

- 영업팀: 매출·단계 중심 구성
- 서비스팀: 케이스, SLA 중심 구성 → 같은 오브젝트라도 사용자는 전혀 다른 화면을 이용하게 됩니다.

`패턴 3` Workflow 도입 전 UI 정리

자동화 작업을 하기 전에 UI를 먼저 정리하면 현업 품질이 크게 향상됩니다.

운영 및 관리 관점의 팁

- Page Layout은 필드 배치 기준표를 만들고 관리하는 것이 좋습니다.
- Compact Layout은 상단 요약 패널이기 때문에 반드시 간결해야 합니다.
- Lightning Record Page는 향후 LWC 컴포넌트 도입 가능성을 고려해 설계합니다.
- Tab·App 구조는 너무 많아지면 오히려 혼란을 줍니다.
- 변경 전에는 항상 Sandbox에서 테스트합니다.

실패 사례 / 주의사항

- Page Layout에 필드를 너무 많이 넣어 사용자가 입력하기 어렵게 만드는 경우
- Record Page에 컴포넌트를 과도하게 배치해 로딩 속도가 느려지는 경우
- App에 너무 많은 탭을 넣어 메뉴 구조가 복잡해지는 경우
- 페이지 구조 변경을 문서화하지 않아 누가 무엇을 변경했는지 추적이 어려워지는 경우

[사례]	영업팀 UI 개선으로 사용률 2배 상승
문제상황	· 기존 Page Layout에 70개 이상의 필드가 나열되어 있었고, 영업팀은 필요한 정보를 찾기 어려워 CRM 사용률이 낮았습니다.
개선작업	· 필드를 30개로 줄이고 섹션을 재구성 · Compact Layout에 "단계·금액·예상 마감일"만 표시 · 영업용 App에서 서비스 탭 제거 · Record Page에 Pipeline Visualization 컴포넌트 추가
결과	· CRM 사용률이 40% → 85%로 상승 · 영업기회 업데이트 속도가 빨라짐

실습

1. Lead(리드) 오브젝트의 Page Layout을 직접 설계해 보십시오.
   · 필수 필드
   · 구분 섹션
   · Compact Layout 항목

2. 영업 App과 서비스 App에 필요한 탭 목록을 설계해 보십시오.

Quiz

1. Compact Layout의 역할은 무엇입니까?

    A. 전체 상세 필드를 모두 표시

    B. 레코드 상단 요약 패널 표시

    C. 보고서를 생성

2. Page Layout과 Record Page의 차이는?

    A. Page Layout은 UI 전체를 구성한다

    B. Record Page는 Lightning App Builder로 구성한다

    C. 둘 다 필드 위치를 설정한다

3. Related List가 표시되려면 무엇이 필요합니까?

    A. LWC 구성

    B. 오브젝트 간 Relationship

    C. Validation Rule

정답) 1. B / 2. B / 3. B

4장
사용자 권한

Salesforce를 실제로 운영해 보면 가장 자주 발생하는 문제가 권한입니다.

"이 사용자는 보이는데, 다른 사용자는 왜 이 데이터가 안 보이죠?"

"보고서를 보려고 하니 '접근 권한 없음'이 뜹니다."

"필드를 수정할 수 없다는 메시지가 나옵니다."

이러한 문제는 Salesforce의 사용자(User), 프로필(Profile), Permission Set(사용자 권한 세트), 라이선스(License) 구조를 정확히 이해하지 못해서 발생합니다.

권한 구조는 단순한 기능 설정이 아니라, 보안·데이터 접근·업무 역할을 정의하는 기반 설계입니다. 권한을 잘못 설정하면:

- 중요 데이터가 노출되거나
- 사용자가 업무를 수행하지 못하고
- 보고서·자동화가 예상대로 작동하지 않는 문제가 발생합니다.

따라서 Admin은 권한 모델의 기초부터 정확히 이해해야 합니다.

개요

이 Chapter에서는 권한 구조를 이루는 네 가지 핵심 요소를 정리합니다.

1. User(사용자) 생성
2. Profile(프로필) 구조 이해

3. Permission Set(사용자 권한 세트) 활용

4. License(라이선스) 구조 이해

이 네 가지를 이해하면 "누가 어떤 데이터에 어떤 방식으로 접근할 수 있는가"를 명확
하게 설계할 수 있습니다.

핵심 개념 정리

❶ User(사용자) 생성

User는 Salesforce Org에 로그인하는 "계정"입니다.

- 로그인 ID(이메일)
- 역할(Role)
- 프로필(Profile)
- 라이선스(License)
- 기본 App, 시간대(Time Zone)

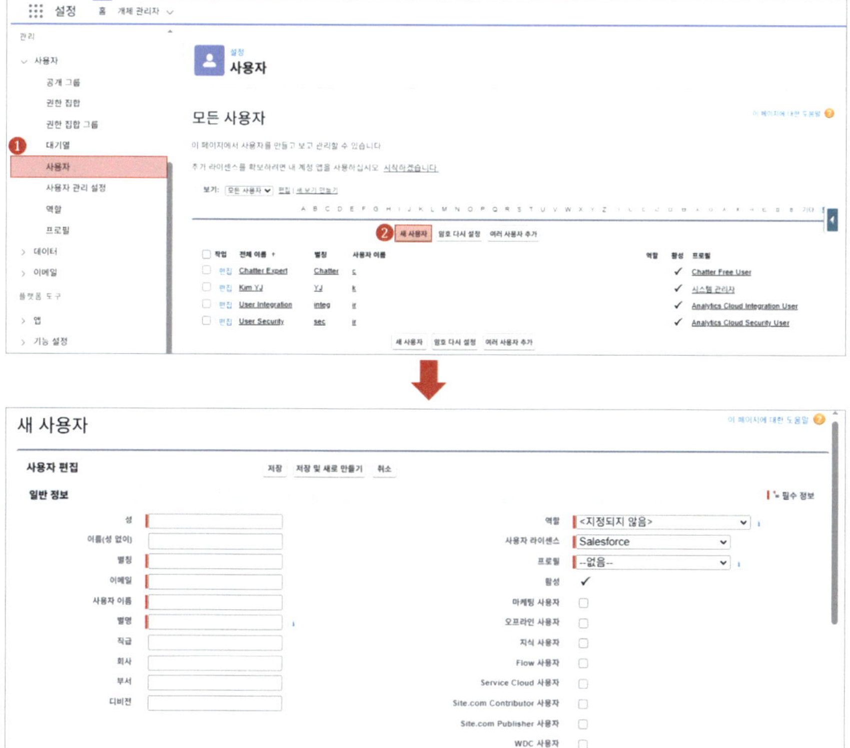

User를 생성할 때 가장 중요한 것은 해당 사용자가 어떤 업무를 수행하는지에 따라 프로필과 라이선스를 정확히 지정하는 것입니다.

2 Profile(프로필) 구조

Profile은 Salesforce 권한 구조의 "기초 레벨(Base Layer)"입니다. Profile은 다음을 정의합니다.

- 오브젝트 CRUD(Create, Read, Update, Delete) 권한
- 필드 접근(FLS, Field-Level Security)
- Record Type 사용 권한
- 탭(Tab) 접근
- App 접근
- 로그인 시간/위치 제한

Profile은 직무 기준으로 최소 개수만 생성하는 것이 가장 모범적입니다.

　　예)

　　- Sales User Profile

　　- Service User Profile

　　- Manager Profile

❸ Permission Set(사용자 권한 세트)

Permission Set은 Profile에 "추가로 부여하는 권한"입니다.

- 프로젝트 단위 임시 권한
- 특정 기능(Flow Editor, Report Builder 등) 사용 권한
- 특정 오브젝트 임시 접근 권한

Permission Set을 잘 활용하면 Profile을 추가로 만들 필요 없이 "기본은 Profile, 추가 권한은 Permission Set" 방식으로 운영할 수 있습니다.

❹ License(라이선스) 구조 이해

라이선스는 "사용자가 어떤 기능을 사용할 수 있는가"를 기술적으로 결정합니다.

대표 라이선스:

- Salesforce(정식 라이선스)
  - 핵심 CRM 기능 전체 제공
- Salesforce Platform
  - 대부분의 Custom 기능 가능
  - 단, 일부 표준 오브젝트(Lead, Opportunity 등) 제한
- Sales Cloud / Service Cloud 라이선스

- 영업·서비스 기능 포함하는 가변 라이선스
- Community/Experience Cloud 라이선스
  - 외부 사용자용

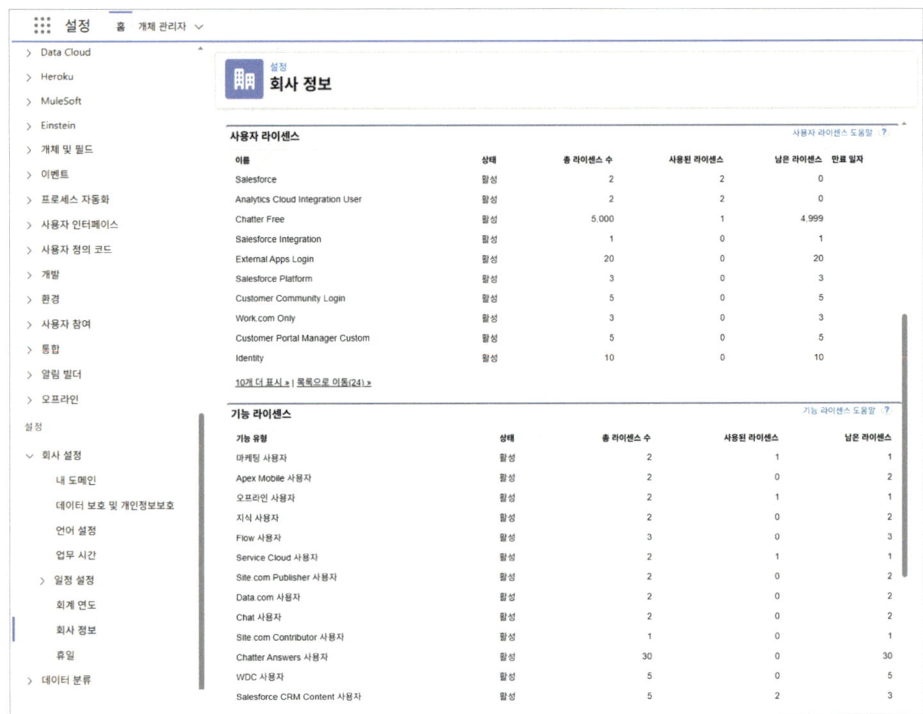

설정
회사 정보

사용자 라이선스   사용자 라이선스 도움말 ?

이름	상태	총 라이선스 수	사용된 라이선스	남은 라이선스	만료 일자
Salesforce	활성	2	2	0	
Analytics Cloud Integration User	활성	2	2	0	
Chatter Free	활성	5,000	1	4,999	
Salesforce Integration	활성	1	0	1	
External Apps Login	활성	20	0	20	
Salesforce Platform	활성	3	0	3	
Customer Community Login	활성	5	0	5	
Work.com Only	활성	3	0	3	
Customer Portal Manager Custom	활성	5	0	5	
Identity	활성	10	0	10	

10개 더 표시 » | 목록으로 이동(24) »

기능 라이선스   기능 라이선스 도움말 ?

기능 유형	상태	총 라이선스 수	사용된 라이선스	남은 라이선스
마케팅 사용자	활성	2	1	1
Apex Mobile 사용자	활성	2	0	2
오프라인 사용자	활성	2	1	1
지식 사용자	활성	2	0	2
Flow 사용자	활성	3	0	3
Service Cloud 사용자	활성	2	1	1
Site.com Publisher 사용자	활성	2	0	2
Data.com 사용자	활성	2	0	2
Chat 사용자	활성	2	0	2
Site.com Contributor 사용자	활성	1	0	1
Chatter Answers 사용자	활성	30	0	30
WDC 사용자	활성	5	0	5
Salesforce CRM Content 사용자	활성	5	2	3

Admin은 반드시 "이 라이선스가 어떤 오브젝트를 기본 제공하는가?"를 이해해야 합니다.

설정 절차

1 라이선스 선택

사용자에게 필요한 기능 범위를 기준으로 라이선스를 지정합니다.

2 Profile 지정

직무(영업/서비스/관리)에 따라 최소 개수의 프로필을 만듭니다.

3 Permission Set 부여

개인별 혹은 프로젝트 단위로 필요한 추가 권한을 부여합니다.

4 Role 구조 매핑

데이터 공유 구조에 따라 Role Hierarchy(역할 계층)를 설정합니다.

5 로그인 정책 설정

보안 정책에 따라 로그인 시간·IP 제한을 관리합니다.

요약

- 사용자 권한 구조는 Profile과 Permission Set의 조합으로 설계합니다.
- Profile은 기본 권한, Permission Set은 추가 권한입니다.
- 라이선스는 기술적으로 어떤 기능을 쓸 수 있는지 결정합니다.
- 권한 구조는 보안·데이터 관리·업무 효율을 모두 좌우합니다.

4 Role 구조 매핑

데이터 공유 구조에 따라 Role Hierarchy(역할 계층)를 설정합니다.

실무 적용 패턴

`패턴 1` 최소 Profile + Permission Set 확장 전략

- Profile은 직무 기준 "최소 2~4개"만 생성
- 세부 기능은 Permission Set으로 확장 → 유지보수·문서화가 쉬워짐

`패턴 2` 프로젝트 기반 임시 권한 부여

- 보고서 생성 프로젝트 진행 시 "Report Editor" Permission Set만 임시 부여 → 프로젝트 종료 후 제거 가능

`패턴 3` 라이선스 혼합 전략

- 정식 라이선스는 관리직·영업 핵심 인력에게 부여
- Platform 라이선스는 내부지원/데이터 입력 인력에게 부여 → 비용 효율화 가능

운영 및 관리 관점의 팁

- Profile을 "업무 역할별 최소 개수"로 유지하십시오.
- Permission Set의 이름 규칙을 통일하십시오.
  예) PS_ReportEditor, PS_Case_ViewOnly
- 라이선스별 제공 기능을 문서로 정리해 두면 사용자 추가 시 판단이 빨라집니다.
- 권한 변경은 반드시 Sandbox에서 먼저 테스트합니다.

실패 사례 / 주의사항

- Profile을 사용자마다 만들어 유지보수 비용이 폭발하는 경우
- Permission Set을 너무 많이 만들어 어떤 권한이 어디에 있는지 모르는 경우
- 라이선스 비용만 보고 플랫폼 구조를 이해하지 않은 경우
- 필드 수준 보안을 무시해 민감 정보가 노출되는 경우

[사례]	권한 구조 정리로 운영 효율 개선
문제상황	· 사용자마다 Profile을 따로 생성하여 총 30개 이상의 프로필이 존재함. 개선:
개선작업	· Profile을 4개로 통합 · 기능별 Permission Set 구성 · 라이선스별 접근 범위를 문서화
결과	· 권한 관리 시간 60% 감소 · 사용자 Onboarding 속도 향상

실습

1. 현재 회사의 역할(Role) 구조를 그려보고 어떤 Profile이 필요한지 설계하십시오.

2. 프로젝트 기반 임시 권한이 필요한 상황 3가지를 작성하십시오.

Quiz

1. Profile의 역할로 올바른 것은?

    A. 임시 권한 부여   B. 기본 권한 설정   C. 외부 사용자 로그인 관리

2. Permission Set의 목적은?

    A. 기본 권한 구성   B. 추가 권한 제공   C. 라이선스 관리

3. Platform 라이선스에서 불가능한 기능은?

    A. Custom Object 사용   B. Opportunity 접근   C. Flow 실행

정답) 1. B / 2. B / 3. B

5장
보고서 대시보드

CRM을 도입해도 다음과 같은 말을 자주 듣습니다.

> "데이터는 있는데 보고서가 안 나옵니다."
> "대시보드가 복잡해서 무슨 의미인지 모르겠습니다."
> "팀장이 원하는 보고서를 매번 수작업으로 만들고 있습니다."

이 문제의 핵심 원인은 Report Type(보고서 유형) 구조와 보고서 구성 원리를 이해하지 못했기 때문입니다.

Salesforce 보고서는 단순 표가 아니라, 데이터 모델을 기반으로 한 분석 도구입니다.

개요

이 Chapter에서는 아래 네 가지를 다룹니다.

1. Report Type(보고서 유형) 이해
2. Summary Report(요약 보고서) 작성
3. Dashboard(대시보드) 구성
4. KPI 데이터 시각화 기초

핵심 개념 정리

1 Report Type(보고서 유형) 이해

Report Type은 보고서가 어떤 오브젝트 조합을 기반으로 생성될 수 있는지를 결정합
니다.

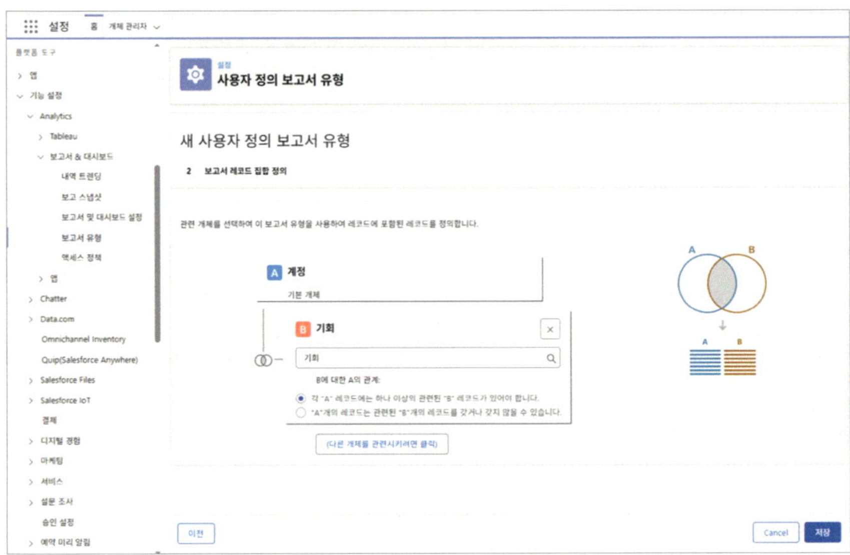

예)

- Accounts with Opportunities

- Opportunities with Products

- Cases with Account

Report Type은 보고서의 "틀"입니다. 틀에 없는 데이터는 보고서에서 조회할 수 없습
니다.

2 Summary Report(요약 보고서) 작성

Summary Report는 데이터를 아래 기준으로 요약할 수 있습니다.

- 그룹화(Grouping)
- 합계(Sum)
- 평균(Avg)
- 최대/최소

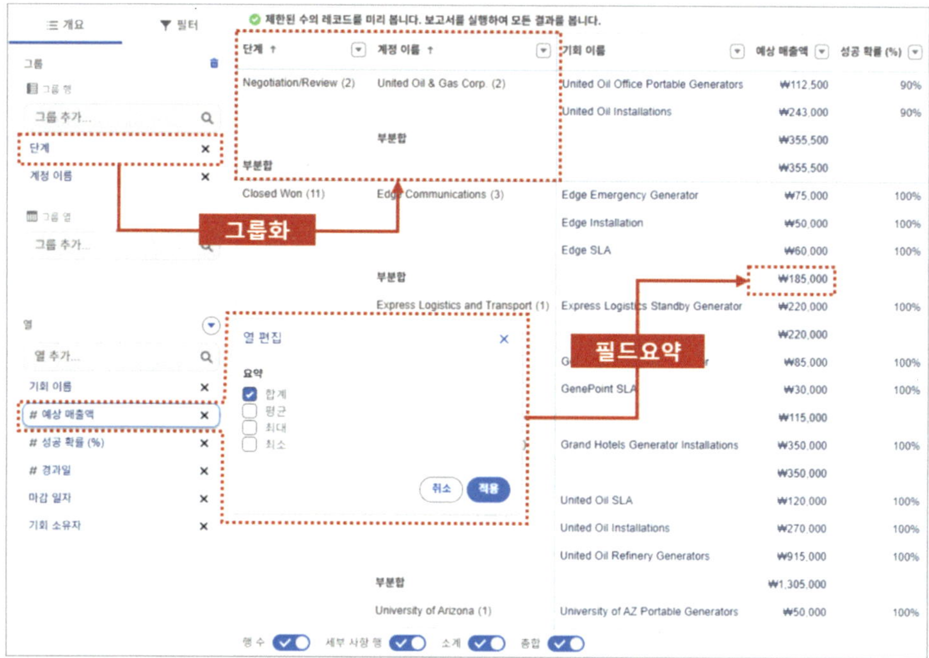

예)

- 영업기회를 "단계" 기준으로 그룹화

- 합계 금액 표시

- 담당자별 성과 비교

Summary Report는 대시보드의 기반이 되는 가장 중요한 보고서 유형입니다.

❸ Dashboard(대시보드) 구성

Dashboard는 여러 개의 보고서를 시각적으로 구성한 화면입니다.

- 차트(막대/원형/도넛/게이지 등)

- KPI 위젯

- 테이블 형태

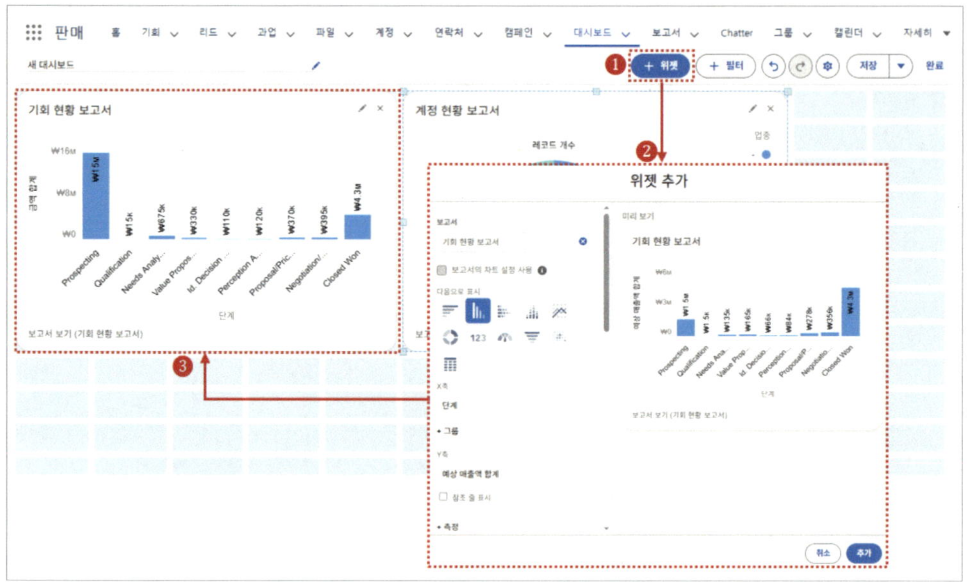

Dashboard는 다음 원칙으로 설계합니다.

- 5~7개 핵심 위젯
- 역할별(개인/팀/경영진) 구분
- KPI 중심 구성

④ KPI 데이터 시각화 기초

KPI 시각화 시 고려해야 할 점:

- 무엇을 개선하고 싶은가?
- 어떤 데이터를 기반으로 측정할까?
- 어떤 차트 형태가 가장 빠르게 전달되는가?

예)

- 리드 → 기회 전환율 → Funnel 차트
- 분기별 매출 → 막대 차트
- 고객 불만 비중 → 도넛 차트

설정 절차

1 Report Type 선택

2 필드 추가 및 필터 구성

3 그룹화·합계 등 요약 구성

4 보고서 실행 및 검증

5 Dashboard에 보고서 추가

6 대상 사용자별 공유 설정

요약

· Report Type은 보고서 생성의 "데이터 틀"입니다.
· Summary Report는 KPI 분석의 기본 도구입니다.
· Dashboard는 KPI 중심으로 5~7개 위젯만 구성해야 합니다.
· KPI 시각화는 의사결정에 도움이 되는 데이터 중심으로 구성해야 합니다.

실무 적용 패턴

패턴 1 팀별 KPI Dashboard 구축
- 영업팀: 전환율·Pipeline 금액
- 서비스팀: SLA·해결 시간
- 마케팅팀: 캠페인 반응률

패턴 2 경영진용 Executive Dashboard
- 매출
- 신규 고객
- 고객 유지율
- 서비스 품질

패턴 3 전사 공유용 Report Folder 운영
- 접근 권한을 폴더 단위로 설정
- 팀별로 폴더를 구분해 관리

운영 및 관리 관점의 팁

- Report Type부터 먼저 검토하십시오. (틀이 맞지 않으면 보고서가 올바르게 만들어지지 않습니다.)
- Dashboard는 5~7개 위젯만 구성하십시오.
- 공유 설정을 폴더 단위로 관리하면 편리합니다.
- 보고서는 "실제 의사결정을 지원하는 데이터인가?" 기준으로 유지해야 합니다.

실패 사례 / 주의사항

- 같은 데이터를 중복 보고서로 여러 개 생성
- 필터 조건 누락으로 데이터 오류 발생
- Chart 방식이 데이터 의미와 맞지 않는 경우
- 팀 간 Report Type 이해 부족으로 대시보드가 제각각 구성됨

[사례]	Executive Dashboard 구축
문제상황	· 경영진이 매주 엑셀 보고서를 요청하여 영업팀의 업무 부담이 증가
개선작업	· 전환율·Pipeline·매출·신규 고객 등 핵심 KPI를 Dashboard화 · 자동 업데이트 기능 설정
결과	· 경영진 Self-Service 보고 문화 정착 · 영업팀 반복 업무 제거

1. Sales Pipeline Summary Report를 직접 구성해보십시오.

2. Dashboard를 7개 위젯 이하로 설계해보십시오.

1. Profile의 역할로 올바른 것은?
   A. 화면 디자인   B. 보고서 데이터 틀   C. 레코드 잠금

2. Summary Report의 특징은?
   A. 차트 생성 불가   B. 그룹화 가능   C. 공유 불가

3. Dashboard 구성 시 가장 중요한 원칙은?
   A. 최대한 많은 위젯   B. KPI 중심 최소 구성   C. 복잡한 디자인

정답) 1. B / 2. B / 3. B

6장
데이터 Import/Export

CRM을 도입하면 가장 먼저 해야 하는 일이 데이터 이관 및 초기 적재입니다.
하지만 다음과 같은 문제가 자주 발생합니다.

"데이터 로딩 오류가 수백 건 뜹니다."
"중복 데이터가 많이 들어갔습니다."
"필드 매핑을 어떻게 해야 할지 모르겠습니다."
"내보낸 파일을 수정해 다시 올려야 하는데, 어떤 도구를 써야 하나요?"

Salesforce는 데이터 Import/Export를 위한 세 가지 기본 도구를 제공합니다.

개요

이 Chapter에서는 다음 세 가지 도구를 다룹니다.
1. Data Import Wizard(데이터 가져오기 마법사)
2. Data Loader(데이터 로더)
3. Data Export Service(데이터 내보내기 서비스)

각 도구는 목적과 기능이 다르므로 올바른 상황에 맞게 사용해야 합니다.

핵심 개념 정리

1 Data Import Wizard(데이터 가져오기 마법사)

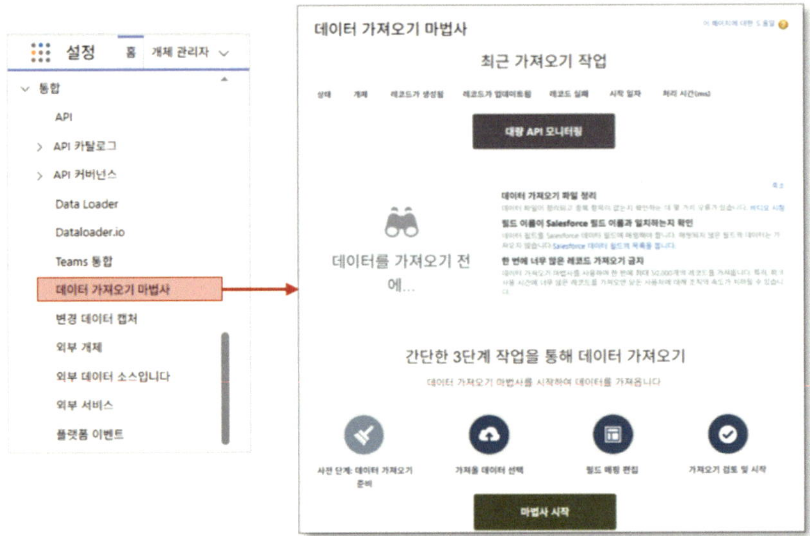

- 웹 기반 데이터 가져오기 도구
- 최대 50,000건까지 가능
- 중복 방지 설정 제공(Matching Rule 활용)
- 간단한 데이터 적재에 적합

사용 목적:

- 초기 고객 리스트 업로드
- 리드·연락처 소량 Import
- 단순 마스터 데이터 업데이트

2 Data Loader(데이터 로더)

- 데스크톱 앱 기반 대량 데이터 처리 도구
- 5백만 건 이상 가능
- Insert/Update/Upsert/Delete/Export 기능 제공
- 자동화 스케줄 설정 가능

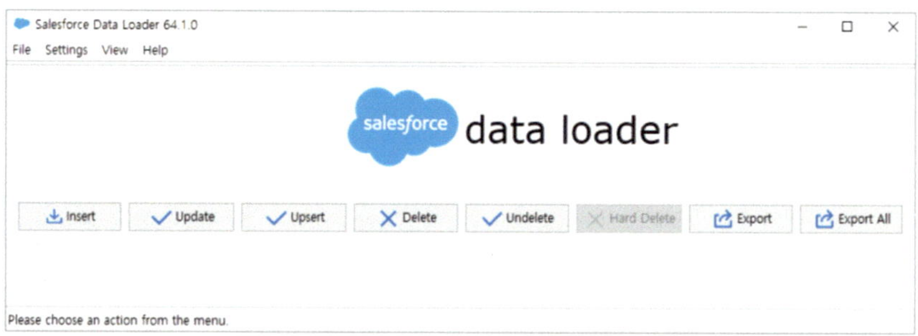

사용 목적:

- 대량 데이터 이관(온프레미스 → Salesforce)
- 정기 일괄 업데이트
- 보고·통합 시스템을 위한 Export

❸ Data Export Service(데이터 내보내기 서비스)

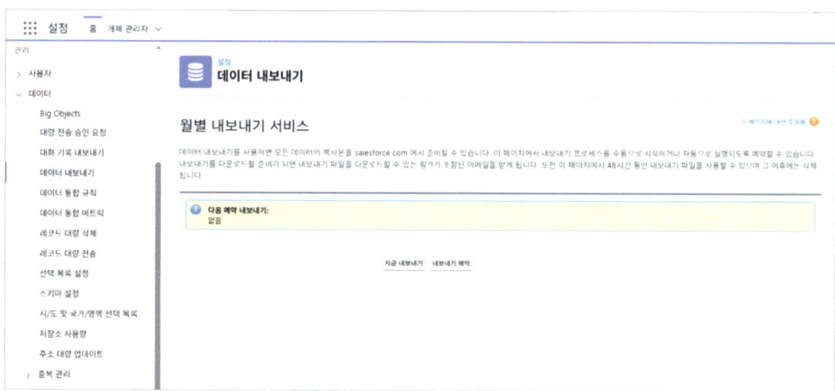

- Salesforce Org 전체 데이터를 ZIP 파일 형태로 주기적으로 백업할 수 있는 서비스
- 주간/월간 주기 설정 가능

사용 목적:

- 백업
- 감사(Audit) 추적
- 대규모 데이터 분석 준비

설정 절차

1 데이터 정제(Cleaning)

- 중복 제거
- 결측값 처리

2 필드 매핑 설계

CSV 열과 Salesforce 필드를 일치시키기

3 도구 선택

- 소량 → Import Wizard
- 대량 → Data Loader

4 테스트 로딩(Sandbox 권장)

5~20건 테스트 후 본 로딩

5 본 로딩 실행

6 정합성 검증

- 레코드 수
- 필드 값
- 오류 로그 점검

요약

- 데이터 Import/Export는 CRM 운영의 기본 기능입니다.
- Import Wizard는 소량, Data Loader는 대량 업로드에 적합합니다.
- Export Service는 백업 및 감사 목적에 사용합니다.
- Import 시에는 매핑, 중복, Lookup 필드가 핵심 포인트입니다.

실무 적용 패턴

`패턴 1` 대량 데이터 정기 업데이트
- ERP 매출 데이터를 Data Loader로 월 단위 업데이트

`패턴 2` 초기 도입 시 대량 이관
- on-premise CRM → Salesforce 전환
- 마스터 데이터 정제 후 순차적 Import

`패턴 3` 백업 자동화
- Data Export Service를 월 1회 예약해 정기적인 시스템 백업 유지

운영 및 관리 관점의 tips
- Import 전에는 항상 "중복 기준(Matching Rule)"을 확인하십시오.
- Lookup 필드는 항상 부모 레코드 ID가 필요합니다.
- Data Loader 실행 후 오류 로그를 반드시 분석해야 합니다.
- Export 파일은 보안 규정에 따라 안전하게 보관하십시오.

실패 사례 / 주의사항
- 필드 매핑을 잘못하여 데이터가 다른 필드에 잘못 저장됨
- Lookup 필드를 텍스트 값으로 올려 오류 발생
- 필수 필드 누락
- 중복 데이터가 대량으로 발생
- Export 파일을 보안 없이 보관하여 개인정보 유출 위험 증가

[사례]	10만 건 고객 데이터 이관
문제상황	·기존 CRM에서 추출한 데이터가 중복·결측값이 많아 바로 Import할 수 없었음.
개선작업	·데이터 정제(중복 제거, 산업 코드 표준화) ·Data Loader로 단계별 업로드 ·오류 로그 분석 및 반복 처리
결과	·10만 건 데이터 이관 성공 ·보고서·대시보드 정확도 개선

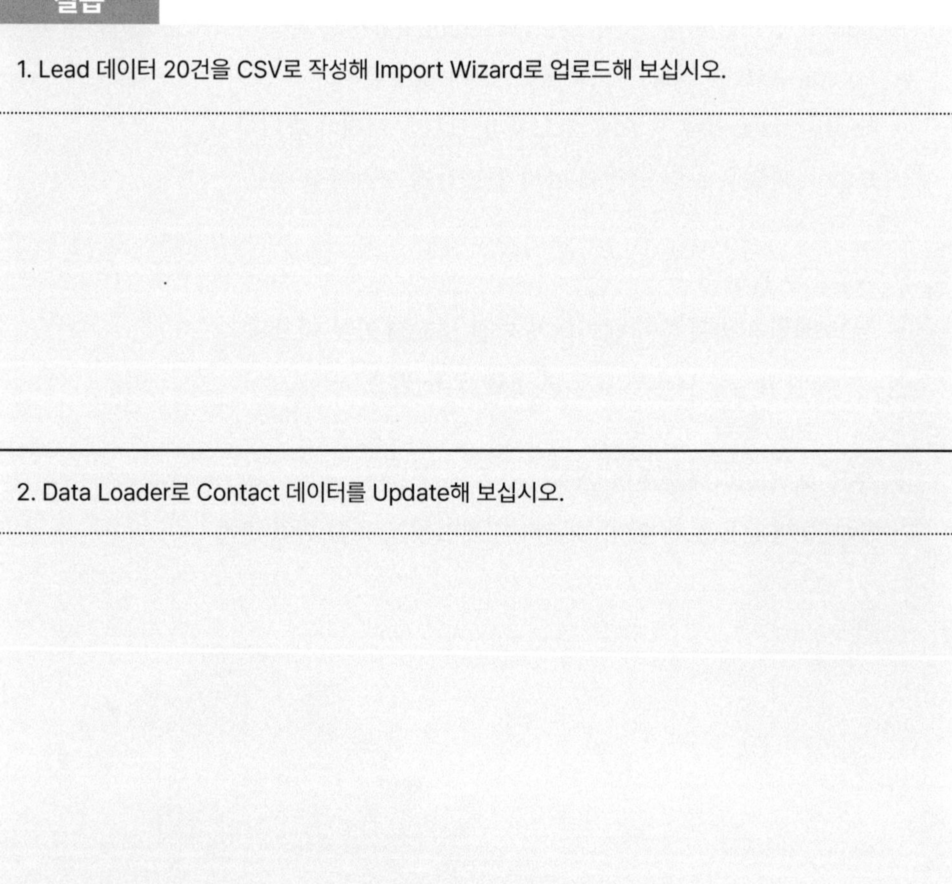

1. Lead 데이터 20건을 CSV로 작성해 Import Wizard로 업로드해 보십시오.

2. Data Loader로 Contact 데이터를 Update해 보십시오.

1. Data Import Wizard의 최대 업로드 건수는?
   A. 5,000   B. 50,000   C. 500,000

2.Data Loader의 기능이 아닌 것은?
   A. Insert   B. Update   C. UI Theme 변경

3. Export Service의 목적은?
   A. 백업   B. 필드 생성   C. 사용자 인증

정답) 1. B / 2. C / 3. A

PART 3

중급

Admin 실무 능력 다지기

실무에서 요구되는 보안·모델링·자동화·운영 역량
을 체계적으로 확보합니다.

1장

Salesforce 보안·권한 모델

Salesforce 운영에서 보안·권한 모델은 가장 중요한 영역이지만, 동시에 가장 많이 오해되는 영역이기도 하다. 실제 기업에서는 다음과 같은 문제가 자주 발생합니다.

- 영업팀이 서로의 영업기회를 모두 보고, 심지어 수정까지 할 수 있음
- 특정 팀은 고객 정보를 "편집만 가능"해야 하는데, 아예 보이지도 않거나, 반대로 모두 보이는 상황
- 승인 프로세스가 권한 구조와 맞지 않아 정상 동작하지 않음
- 주요 필드가 사용자마다 보이거나 숨겨져 혼란 발생
- API 연동 계정이 과도한 권한을 가져 보안 사고 위험이 커짐
- 관리자(Admin)가 OWD·Role·Sharing Rule의 차이를 이해하지 못해 구조를 잘못 설계함

이러한 문제는 단순 설정 오류 수준이 아니라, 조직 전체의 신뢰·보안·업무 책임을 위협하는 심각한 위험 요소입니다.

Salesforce 보안 모델은 단순한 "권한 설정 화면"이 아니다. 조직 구조, 데이터 공유 방식, 데이터 보호 원칙, 자동화, UI까지 CRM 전체가 움직이는 "설계 시스템(Security Architecture)"입니다.

따라서 Salesforce 보안 모델을 제대로 이해하는 것은 Admin이 초급 → 중급 → 고급으로 성장하는 데 반드시 필요한 핵심 역량입니다.

개요

본 Chapter에서는 Salesforce 보안·권한 모델을 구성하는 다음 7가지 핵심 개념을 다루게 됩니다.

1. Organization-Wide Defaults(공유 기본 설정, OWD)
2. Role Hierarchy(역할 계층)
3. Sharing Rule(공유 규칙)
4. Profile(프로필) vs Permission Set(사용자 권한 세트)
5. Field-Level Security(필드 수준 보안, FLS)
6. Login Hours(로그인 가능 시간) / IP Restrictions(IP 제한)

이 개념들은 Salesforce 데이터 보안의 기반입니다. 각 요소의 역할과 상호 작용 방식을 이해하면, 어떤 상황에서 어떤 사용자가 어떤 데이터에 접근할 수 있는지를 정확하게 판단할 수 있습니다.

핵심 개념 정리

1 Organization-Wide Defaults(공유 기본 설정, OWD)

OWD는 Salesforce 데이터 보안의 "기본 잠금 수준(Default Lock Level)"입니다. 즉, 아무런 추가 공유 설정이 없을 때, 모든 사용자가 기본적으로 어떤 레코드를 어느 수준까지 볼 수 있는지를 정의합니다.

OWD는 다음 값 중 하나로 설정됩니다.

- Public Read/Write(전체 읽기/쓰기)
- Public Read Only(전체 읽기 전용)
- Private(비공개: 소유자 및 상위 권한만 접근 가능)

OWD를 이해하는 핵심 포인트

- Private는 가장 제한적인 모델이며, 대부분의 영업 조직에서 가장 안전한 기본값입니다.
- OWD가 Public이면 Role 구조나 Sharing Rule의 의미가 크게 줄어듭니다.
- Sharing Rule은 OWD를 "열어주는 역할", Role은 데이터를 "위 방향으로 공유하는 역할"을 합니다.

OWD는 보안 모델의 출발점입니다. 처음 값을 잘못 설정하면, 전사 데이터가 의도치 않게 모두 노출되는 일도 발생할 수 있습니다.

2 Role Hierarchy(역할 계층)

Role은 조직도의 "상하 관계"를 데이터 접근에 반영한 구조입니다.

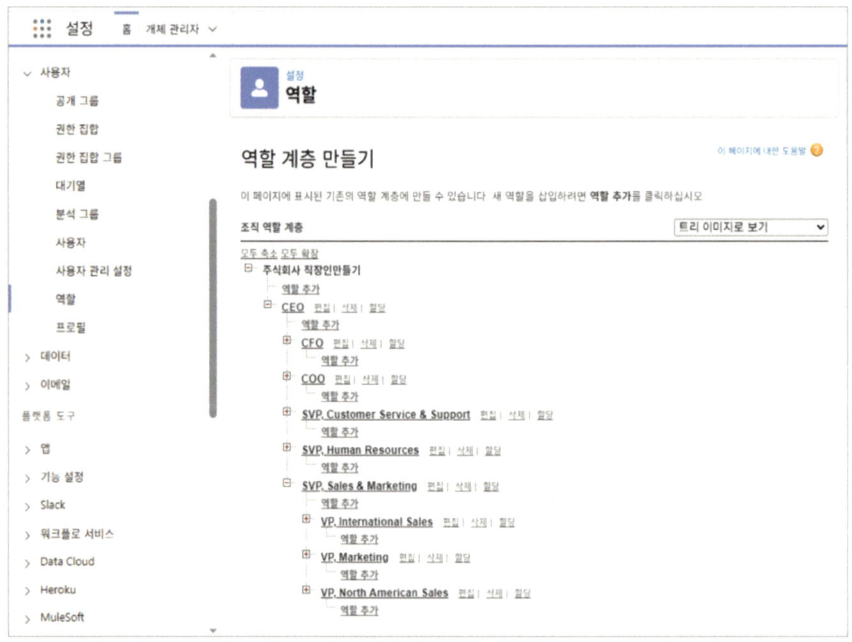

Role의 원리

- 같은 Role에 있는 사용자끼리는 서로의 데이터를 자동으로 공유하지 않습니다.
- 상위 Role의 사용자는 하위 Role 사용자의 데이터를 볼 수 있습니다.
- Role은 "위 방향"으로만 데이터를 확장합니다.

Role이 해결하는 문제

- 팀장·본부장이 팀원의 데이터를 모두 확인해야 하는 요구
- 관리자가 팀 전체 현황 보고서를 조회해야 하는 요구
- 부서마다 소유 데이터를 구분하면서도 상위 관리자는 전체를 보고 싶을 때

Role은 조직 전체 데이터 구조를 직관적으로 반영하기 때문에 많은 기업에서 가장 기본이자 핵심이 되는 보안 요소입니다.

3 Sharing Rule(공유 규칙)

Sharing Rule은 OWD가 Private일 때 "어떤 사용자 그룹에게, 어떤 조건의 데이터를, 어느 수준까지 공유할 것인가"를 정의하는 규칙입니다.

Sharing Rule 사용 방식

- Role 기반 Rule
- Public Group(공용 그룹) 기반 Rule
- Criteria 기반 Rule(조건 기반)
- Owner 기반 Rule(소유자 기반)

Sharing Rule이 필요한 대표 사례

- 팀 간 협업이 필요한 영업기회 공유
- 특정 지역·산업군 계정을 여러 팀이 함께 보아야 할 때
- 고객지원팀이 영업 계정을 조회해야 할 때

Sharing Rule은 OWD의 제한을 "선별적으로 풀어주는 스위치"이기 때문에 실제 협업 구조를 설계할 때 매우 중요한 도구입니다.

4️ Profile(프로필) vs Permission Set(사용자 권한 세트)

Profile과 Permission Set은 항상 함께 이해해야 합니다.

- Profile(프로필): 사용자에게 부여되는 기본 권한 묶음(Base Layer)
- Permission Set(사용자 권한 세트): 그 위에 얹는 추가 권한(Extension Layer)

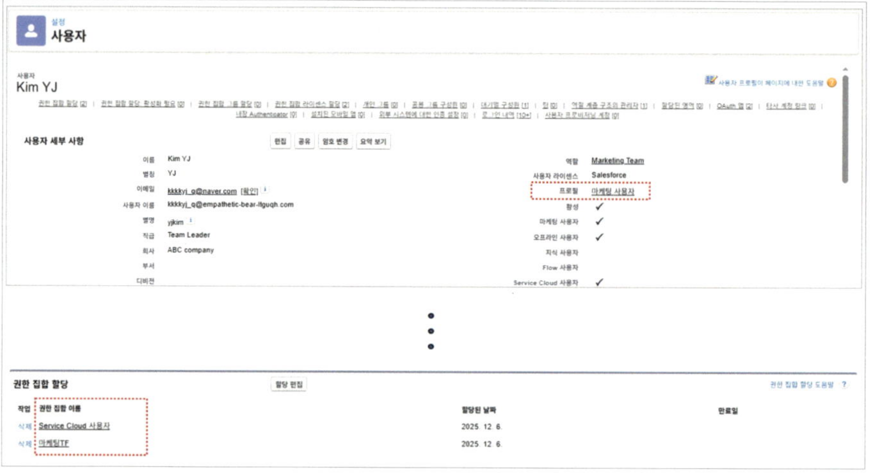

Profile은 다음을 정의합니다.

- Object CRUD 권한
- Field-Level Security(필드 수준 보안)
- App/Tab 접근
- Record Type 접근
- 시스템 권한

즉, Profile은 해당 사용자가 "어떤 종류의 작업을 기본적으로 할 수 있는지"를 결정하는 뼈대(Role-like 권한 세트)입니다.

Permission Set은 다음 상황에 사용합니다.

- 일부 사용자에게만 특정 기능을 열어줘야 할 때
- 프로젝트/신규 기능/임시 권한을 부여할 때
- Profile을 더 늘리지 않고 권한을 확장하고 싶을 때

원칙은 간단합니다.

- Profile은 직무 기준 최소 개수로 설계하고
- 추가/예외 권한은 Permission Set으로 확장하며
- 여러 Permission Set을 Permission Set Group으로 묶어 관리 효율을 높입니다.

5 Field-Level Security(필드 수준 보안, FLS)

Field-Level Security(FLS)는 특정 필드를 사용자에게 "보이게 할지, 숨길지, 편집 가능하게 할지"를 제어하는 보안 기능입니다.

FLS의 주요 역할

- 개인정보 보호(휴대전화, 이메일, 계좌번호 등)
- 재무 정보 보호(수익, 금액, 마진율 등)
- 부서·직무별로 정보 노출 범위 차별화

중요한 건 FLS가 Page Layout보다 우선한다는 점입니다. Page Layout에 필드가 있어도, FLS에서 "보이지 않음"으로 설정되어 있으면 사용자는 해당 필드를 전혀 볼 수 없습니다.

❻ Login Hours(로그인 가능 시간) / IP Restrictions(IP 제한)

Salesforce는 계정 자체에 대한 보안을 강화하기 위해 로그인 시간과 허용 IP를 제한하는 기능을 제공합니다.

1) Login Hours(로그인 가능 시간)

- 특정 요일·시간에만 시스템 접속 허용
- 콜센터·고객지원 조직처럼 근무 시간이 명확한 조직에서 많이 사용

2) IP Restrictions(IP 제한)

- 특정 IP 또는 IP 대역에서만 로그인 허용
- 회사 내부망, VPN 사용 환경에서 특히 유용
- 민감 정보가 많은 Org에서 필수 수준의 보안 장치

이 두 기능은 계정 도용·외부 접근 사고를 막는 마지막 방어선 역할을 합니다.

설정 절차

보안·권한 구조를 처음부터 다시 잡는다고 가정하면, 다음 순서로 설계하는 것이 가장 안전합니다.

❶ OWD 설정

- 기본값은 가능한 한 Private로 설정
- 전사 데이터 보호 기준을 가장 먼저 정립

2 Role 계층 구조 설계

- 실제 조직도 기반으로 Role 트리 설계
- 상위 Role이 하위 Role 데이터를 모두 볼 수 있게 구조화

3 Profile 설계

- 직무·부서 기준으로 최소 Profile 정의
- 각 Profile마다 Object·Field 접근 범위 설계

4 Permission Set 구성

- 공통 추가 권한
- 프로젝트/임시 권한
- 관리자·슈퍼유저용 고급 권한

5 Sharing Rule 설계

- 팀·조직 간 공유 패턴 정의
- 지역/산업/제품군 기반 조건부 공유 설정

6 Login Hours·IP 제한 적용

- 콜센터·재무·보안 민감 부서 중심으로 우선 적용
- 외부 접근이 가능한 계정은 별도 관리

7 사용자 테스트

- 실제 사용자 계정으로 로그인
- Object/Field/Record 접근 수준을 시나리오별로 검증

요약

- Salesforce 보안 모델은 OWD → Role → Profile → Permission Set → Sharing Rule 순서로 이해해야 합니다.
- OWD는 기본 잠금 수준, Role은 상하 공유 구조, Sharing Rule은 선별적 공유를 담당합니다.
- Profile은 기본 권한, Permission Set은 추가·예외 권한을 담당합니다.
- FLS는 필드 단위 보호의 핵심이고, Login/IP 제한은 계정 보안의 마지막 방어선입니다.

실무 적용 패턴

패턴 1 영업팀 기반 Role + Private OWD
- 대부분의 B2B 영업조직에서 가장 많이 쓰는 구조
- 영업기회·계정을 팀 단위로 안전하게 보호
- 팀장·본부장 보고 체계를 Role로 자연스럽게 지원

패턴 2 협업을 위한 Public Group + Sharing Rule
- 프로젝트 단위로 여러 팀이 데이터를 공유해야 할 때
- Role만으로 표현하기 어려운 "가로 축(프로젝트/태스크포스)" 협업 구조에 적합

패턴 3 Profile 최소화 + Permission Set 확장
- Profile: Sales User, Service User, Manager 등 최소 개수
- Permission Set: Reporting 추가, Flow Builder 사용, API 접근 등 세분화
- 권한 구조가 단순해지고 운영 안정성이 크게 향상됨

패턴 4 FLS 기반 정보 보호
- 영업팀과 재무팀의 금액·마진 정보 접근 권한 분리
- 개인정보 보호법 대응을 위한 민감 필드 차단

패턴 5 API 연동용 전용 Profile + IP 제한
- 통합용 기술 계정은 전용 Profile을 만들어 필요 최소 권한만 부여
- IP 제한으로 지정 서버/IP에서만 접속 허용
- 연동 계정 탈취 사고 리스크를 큰 폭으로 감소

운영 및 관리 관점의 팁
- OWD를 명확하게 설계하면 Role·Sharing Rule이 훨씬 단순해집니다.
- Profile은 늘리지 말고 줄이는 방향으로 운영하는 것이 정석입니다.
- Permission Set을 활용한 확장 구조가 장기 운영에서 가장 효율적입니다.
- FLS는 Page Layout보다 우선하므로, "필드가 안 보인다" 문제는 FLS부터 확인합니다.

- Sharing Rule이 많아질수록 관리 복잡도와 성능에 부담이 될 수 있습니다.
- IP 제한과 Login Hours는 민감 데이터가 많은 Org에서 필수 수준으로 고려해야 합니다.

보안 모델은 한 번 잘 설계하면 수년간 안정적으로 운영할 수 있지만, 초기에 잘못 설계되면 CRM 전체 재구축 수준의 리스크로 돌아옵니다.

실패 사례 / 주의사항

- OWD를 Public Read/Write로 두어 전사 데이터가 모두 노출되는 구조
- 사용자마다 별도 Profile을 만들어 관리 불가능한 상태가 됨
- Role 구조 없이 Sharing Rule만으로 모든 문제를 해결하려는 시도
- FLS를 무시하고 Page Layout만 수정해 보안 구멍이 생김
- API 계정에 System Administrator 권한을 부여해 보안 사고 발생
- 중복된 Sharing Rule 생성으로 성능 저하 및 관리 난이도 급증

Salesforce 보안 모델은 구조가 많아서 복잡해 보이지만, 원리를 이해하고 순서를 지키면 충분히 예측 가능하고 안정적으로 운영할 수 있습니다.

실무 사례

[사례]	대기업 영업조직의 보안 모델 재설계
문제상황	· OWD가 적절히 설정되지 않아 Private 기반 보호가 안 됨 · 팀장이 팀원 데이터를 제대로 보지 못함 · Sharing Rule이 난립해 구조를 이해하기 어려운 상태 · Profile이 30개 이상 존재하여 운영·변경이 매우 어렵게 됨
해결과정	· OWD를 주요 영업 오브젝트에 대해 Private로 재정의 · 실제 영업조직도 기반으로 Role 계층 재설계 · 공통 Profile 5개로 통합, 나머지는 Permission Set으로 흡수 · Sharing Rule은 최소 7개만 남기고 정리
결과	· 데이터 접근 혼란 80% 이상 감소 · 보안 사고 리스크 대폭 축소 · 신규 사용자 Onboarding 및 변경 작업 속도 증가

1. OWD가 Private일 때, 왜 Sharing Rule이 필수적인지 원리를 중심으로 설명해 보시오.

2. Profile과 Permission Set의 차이를, 실제 업무 예시(예: "리포트 작성 권한만 추가 부여")와 함께 정리해 보시오.

Quiz

1. Role의 특징으로 올바른 것은?
- A. 같은 Role끼리는 서로의 데이터를 항상 공유합니다.
- B. 상위 Role은 하위 Role의 데이터를 볼 수 있다.
- C. Role은 데이터 공유와 무관하다.

2. FLS는 무엇을 제어하는가?
- A. 페이지 레이아웃 구조
- B. 필드 노출/편집 가능 여부
- C. 레코드 소유권

3. Sharing Rule은 언제 필요한가?
- A. OWD가 Private일 때
- B. Role 계층이 있을 때만
- C. Profile이 많을 때

정답) 1. B / 2. C / 3. A

2장
중급 데이터 모델링

Salesforce를 일정 기간 사용한 기업은 공통된 문제를 겪기 시작합니다.

- 필드 수가 너무 많아져 입력 화면이 복잡해짐
- Object(오브젝트) 구조가 중복되거나 의미가 모호해짐
- Lookup Relationship(조회 관계)과 Master-Detail Relationship(마스터-디테일 관계)을 잘못 선택해 영향도 오류 발생
- 보고서에서 원하는 데이터가 연결되지 않음
- 자동화에서 참조 오류가 빈번하게 발생
- 비즈니스 변경 시 Object 구조가 쉽게 망가짐
- 필드/Object/관계의 영향도가 너무 커져 수정이 어려워짐

즉, 초기에는 단순하게 설계했지만 조직이 성장하면서 데이터 모델이 그 변화를 견디지 못하는 상황이 옵니다.

이 문제는 Salesforce 기능 부족 때문이 아니라, 데이터 모델링 원칙 없이 확장해 온 결과입니다.

중급 단계의 데이터 모델링은 단순히 "오브젝트를 만드는 작업"이 아니라, 비즈니스 변화에 장기간 견딜 수 있는 구조를 설계하는 과정입니다.

개요

본 Chapter에서는 Salesforce 중급 수준의 데이터 모델링 개념을 다루어 봅니다.

1. Lookup Relationship(조회 관계) vs Master-Detail Relationship(마스터-디테일 관계) 선택 기준

2. Junction Object(조인 오브젝트) 설계

3. Schema Builder(스키마 빌더) 활용

4. 데이터 모델링 패턴

이 네 요소는 Salesforce 데이터 아키텍처의 핵심이며, 실무에서 수십 번 반복적으로 등장하는 설계 패턴입니다.

핵심 개념 정리

1 Lookup Relationship(조회 관계) vs Master-Detail Relationship(마스터-디테일 관계) 선택 기준

초급 단계에서는

- Lookup = 느슨한 관계
- Master-Detail = 강한 종속 관계

정도로 이해해도 충분하지만, 실무에서는 둘의 차이와 선택 기준을 훨씬 깊게 이해해야 합니다.

1) Lookup Relationship(조회 관계)

다음과 같은 상황에서 적합합니다.

- 부모 레코드 없이도 자식 레코드가 존재해도 되는 경우
- 부모를 삭제해도 자식 레코드를 유지해야 하는 경우
- 다양한 Object 간 유연한 연결이 필요한 경우
- 보안 모델이 서로 독립적이어야 하는 경우

    예)

    - Case → Contact
    - Opportunity → Campaign
    - Custom Object → 여러 표준 오브젝트 연결

Lookup 활용 장점

- 구조적 유연성
- 삭제 독립성
- 보안 독립성
- 비즈니스 변화 대응 능력 우수

2) Master-Detail Relationship(마스터-디테일 관계)

다음 상황에서 적합합니다.

- 자식 레코드가 반드시 부모를 가져야 하는 경우
- 부모 삭제 시 자식도 함께 삭제되는 것이 자연스러운 경우
- Roll-Up Summary(요약 필드)가 꼭 필요한 경우
- 금액·합계·개수 등 계산 모델을 자동화해야 하는 경우

  예)

  - 주문(Order) → 주문 항목(Order Item)

  - 견적(Quote) → 견적 항목(Line Item)

  - 프로젝트(Project) → 프로젝트 작업(Task)

Master-Detail 활용 장점

- Roll-Up Summary 사용 가능
- 강한 종속 관계를 통해 데이터 무결성 확보
- 보안 상속으로 일관된 보안 정책 유지

선택 기준 요약표

선택 기준	Lookup	Master-Detail
부모 없이 자식 존재 가능 여부	가능	불가능
Roll-Up Summary 필요 여부	불가	가능
독립 삭제 가능 여부	가능	불가
보안 독립 필요 여부	필요	부모 보안 상속
구조적 유연성	매우 높음	낮음
데이터 무결성	비교적 낮음	매우 높음

이 기준만 명확히 정리해도 실무 데이터 모델링에서 발생하는 많은 문제를 예방할 수 있습니다.

❷ Junction Object(조인 오브젝트) 설계

Junction Object는 다대다(Many-to-Many) 관계를 구현하기 위한 표준 구조입니다.

예)

\- Contact ↔ Campaign = Campaign Member

\- 제품 ↔ 견적서 = 견적 항목(Line Item)

\- 학생 ↔ 강의 = 수강 기록

Junction Object 설계는 Salesforce 중급 설계자의 필수 역량입니다.

Junction Object 조건

- 두 개의 Master-Detail Relationship을 가진 Custom Object
- 두 부모 간의 관계를 레코드 한 건으로 표현
- 부모 관계가 많을수록 구조의 의미가 중요해짐

설계 시 고려 사항

- 두 부모 중 하나 혹은 둘 모두 필수 관계인지 확인
- Roll-Up Summary 목적 및 방향 정의
- 삭제 정책(부모 삭제 시 함께 삭제 여부) 검토
- 관련 Flow, Validation Rule, Report Type 등 영향도 분석

Junction Object를 잘 활용하면 복잡한 비즈니스 모델을 Salesforce 데이터 구조에 아주 자연스럽게 녹여낼 수 있습니다.

❸ Schema Builder(스키마 빌더) 활용

Schema Builder는 Org 내의 Object·Field·Relationship을 시각적으로 표시해주는 도구입니다.

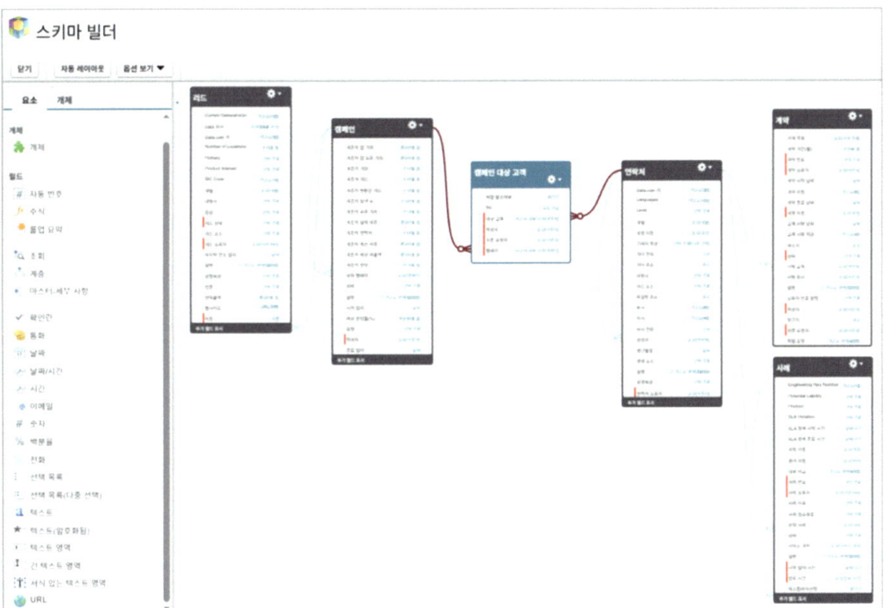

Schema Builder 활용 포인트

- 전체 데이터 모델을 한눈에 파악
- 오브젝트 간 Relationship 구조 분석
- 새 필드/오브젝트를 시각적으로 추가
- 변경 시 주변 영향도를 직관적으로 확인

활용이 필요한 경우

- 인수인계 또는 신규 Admin에게 구조 설명 시
- 관계 구조가 복잡한 Org에서 구조 개편 시
- 새로운 App/기능을 설계할 때 초기 모델링 검토

Schema Builder는 중급 이상의 Admin에게 "데이터 모델의 지도(Map)"와 같은 역할을
합니다.

4 데이터 모델링 패턴

Salesforce 실무에서는 다음과 같은 모델링 패턴들이 반복적으로 등장합니다.

- 계층 구조 모델(Hierarchical Model)
  - 예: 회사 → 부서 → 팀 → 직원
  - Lookup을 반복 연결하여 계층을 표현
- 트랜잭션 모델(Transaction Model)
  - 예: 주문 → 주문 항목, 견적 → 견적 항목
  - Master-Detail + Roll-Up Summary 조합
- 명세서 모델(Line Item Pattern)
  - 예: 프로젝트 → 작업 목록
  - 부모-자식 명확 구조
- 다대다 모델(Many-to-Many)
  - Junction Object 패턴 활용
- 메타데이터 확장 모델(Reference Model)
  - 예: 코드 테이블, 기준값 관리
  - Custom Metadata / Custom Setting 활용

설정 절차

중급 데이터 모델링은 다음 순서를 따르면 안전합니다.

1 비즈니스 요구 분석

- 어떤 개체들이 관계를 맺는가?
- 종속 관계인가, 협력 관계인가?
- 금액·개수·지표 계산이 필요한가?

2 표준 오브젝트 활용 검토

- 기존 표준 오브젝트로 해결 가능한지 먼저 확인
- 불필요한 Custom Object 생성 및 중복 구조 방지

❸ 관계(Relationship) 선택

- Lookup vs Master-Detail를 기준에 따라 선택
- 다대다 필요 여부 판단 → Junction Object 설계

❹ 필드 정의

- 계산(Metric) 필드
- Picklist 기반 통제
- 중복 방지 구조(Unique, External ID 등)

❺ 자동화·보고서 영향도 확인

Flow, Validation Rule, Report Type에 관계 영향도 검토

❻ UI 구성 및 사용자 테스트

- Page Layout, Record Page 설계
- 실제 데이터 입력 흐름 시뮬레이션

요약

- 데이터 모델링의 핵심은 Lookup vs Master-Detail 관계를 올바르게 선택하는 것입니다.
- 다대다 관계는 반드시 Junction Object로 설계해야 합니다.
- Schema Builder는 전체 구조를 시각화하고 영향도를 분석하는 데 매우 유용한 도구입니다.
- 중급 데이터 모델링의 목표는 비즈니스 변화에 견디는 구조를 만드는 것입니다.

실무 적용 패턴

패턴 1 거래 구조(Transaction Model)

- 거래 헤더 → 거래 항목(Master-Detail)
- 총 금액은 Roll-Up Summary로 자동 합산

패턴 2 이벤트 참여 기록 모델

- Contact ↔ Event = "참여 기록" Junction Object
- 반복 이벤트를 구조화할 때 효과적

패턴 3 구성요소 기반 생산 모델

- 제품(Product) ↔ 구성요소(Component)
- 다대다 구조 → Junction Object 활용

패턴 4 계층적 조직 구조

- 상위 조직 → 하위 조직 → 세부 팀
- Lookup 반복 구조로 표현

운영 및 관리 관점의 팁

- Master-Detail은 삭제·보안 상속 영향이 매우 크므로 신중하게 사용합니다.
- Lookup은 유연성이 높기 때문에 "기본 옵션"으로 먼저 고려합니다.
- 다대다 관계는 반드시 Junction Object로 설계하는 것이 표준 솔루션입니다.
- 무리하게 Lookup 필드를 여러 개 만들어 다대다를 흉내 내는 방식은 피해야 합니다.
- Schema Builder로 구조를 시각화하며 변경 영향도를 반드시 검토합니다.
- 데이터 모델 변경은 운영 중 가장 위험한 작업이므로, 항상 Sandbox에서 충분히 테스트 후 배포합니다.

실패 사례 / 주의사항

- Lookup을 사실상 Master-Detail처럼 사용하여 데이터 무결성이 떨어지는 경우
- 불필요한 Master-Detail로 인해 삭제·보안 상속 문제 발생

- Junction Object 대신 다수 Lookup 필드로 억지 구현
- Relationship 구조가 지나치게 복잡해 보고서 작성이 거의 불가능해진 경우
- 잘못된 관계 선택으로 Flow 자동화가 반복해서 실패하는 경우

중급 데이터 모델링 실패는 CRM 전체 구조를 흔들 수 있는 리스크가 크기 때문에 가장 신중하게 접근해야 하는 영역입니다.

실무 사례

[사례]	제조기업의 복잡한 제품 구성 모델링
문제상황	· 제품 ↔ 구성품 구조가 복잡 · 다대다 관계를 Lookup 5개로 억지 구현 · 보고 및 자동화 구성 불가
해결과정	· Junction Object로 관계 재설계 · Master-Detail 기반 Roll-Up Summary 적용 · Schema Builder로 전체 구조 문서화
결과	· 구성 데이터 정확성 향상 · 보고서 작성 가능 · 자동화 신뢰도 크게 상승

1. 다대다 관계를 Junction Object로 설계한 구조를 직접 그림으로 표현해 보시오.

2. Lookup과 Master-Detail을 비교하는 기준 4가지를 정리해 보시오.

Quiz

1. Master-Detail을 선택해야 하는 대표적인 조건은?
   A. 보안 독립이 반드시 필요할 때
   B. Roll-Up Summary가 필요할 때
   C. 자식 레코드를 독립적으로 유지해야 할 때

2. 다대다 관계 구현 방식으로 올바른 것은?
   A. Lookup 두 개   B. Junction Object   C. 공용 그룹

3. Schema Builder의 주요 목적은?
   A. 보고서 작성   B. 오브젝트 UI 구성   C. 데이터 모델 시각화

정답) 1. B / 2. B / 3. C

3장
Record Type 기반 프로세스 분리

Salesforce를 일정 기간 사용한 조직은 다음과 같은 문제를 겪기 시작합니다.

- 영업팀 내 A조와 B조가 서로 다른 프로세스를 사용함
- 고객지원팀은 케이스 유형별로 입력해야 할 필드가 달라 혼란 발생
- 동일한 오브젝트(Object)에서 여러 유형의 데이터를 관리하려다 UI가 복잡해짐
- 특정 팀은 필드가 너무 많다고 불평하고, 다른 팀은 필요한 필드를 찾기 어려워함
- 여러 프로세스를 하나의 Page Layout(페이지 레이아웃)에 억지로 담다가 UX가 붕괴

이 문제는 '데이터 유형별' 또는 '팀별' 프로세스를 구분할 수 있는 기능을 사용하지 않았기 때문에 발생합니다. 그 기능이 바로 Record Type(레코드 유형)입니다.

Record Type을 적절히 활용하면 다음이 가능해집니다.

- 동일한 Object에서 서로 다른 입력 화면 제공
- 서로 다른 비즈니스 프로세스를 Conflict 없이 운영
- 필드 노출·페이지 구성·선택목록(Picklist) 값 분리
- 팀/조직별 업무 프로세스를 명확히 구분

즉, Record Type 없이 다양한 프로세스를 운영하는 것은 불가능에 가깝습니다.

개요

본 Chapter에서는 Record Type을 중심으로 한 프로세스 분리 기술을 다루게 됩니다.

1. Record Type(레코드 유형) 설계
2. Page Layout(페이지 레이아웃) 매핑
3. Business Process(비즈니스 프로세스) 설정

이 세 요소는 함께 작동하며, 특히 Sales Cloud와 Service Cloud에서 프로세스를 운영하는 핵심 기능입니다.

핵심 개념 정리

❶ Record Type(레코드 유형) 설계

Record Type은 한 Object 안에서 서로 다른 데이터 유형·업무 흐름·필드 구조를 분리하는 기능입니다.

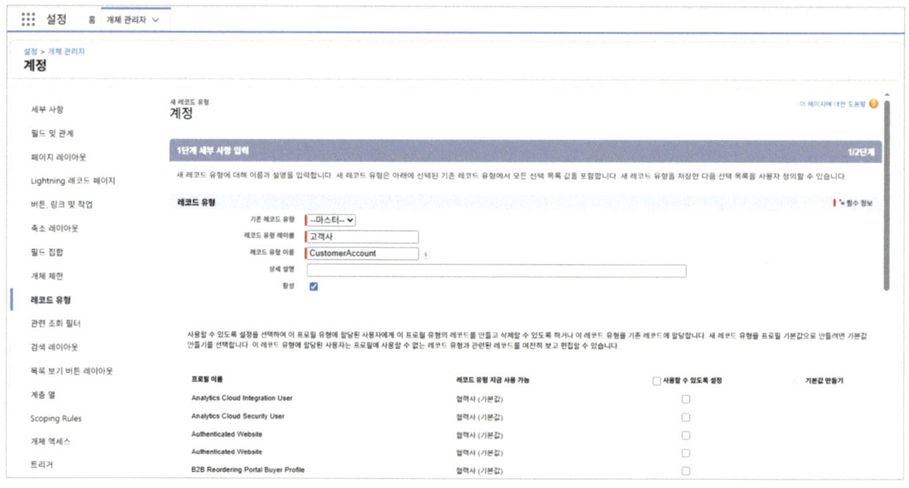

Record Type으로 분리 가능한 요소

- Page Layout(페이지 레이아웃)
- Picklist(선택목록) 값
- 프로세스 흐름(Stage, Status 등)
- 화면 노출 요소

예)

- 영업기회(Opportunity)
  - B2B Record Type
  - B2C Record Type
- 케이스(Case)
  - 고객불만
- 환불요청
- 기술지원

Record Type을 활용하면 얻는 효과

- 다른 팀/프로세스 간 충돌 제거
- UI 구조 단순화
- 사용자 혼란 최소화
- 데이터 품질 개선
- 보고서 필터링 용이

Record Type은 Salesforce 프로세스 아키텍처의 기초 중 하나입니다.

2 Page Layout(페이지 레이아웃) 매핑

Record Type은 Page Layout과 반드시 함께 사용됩니다.

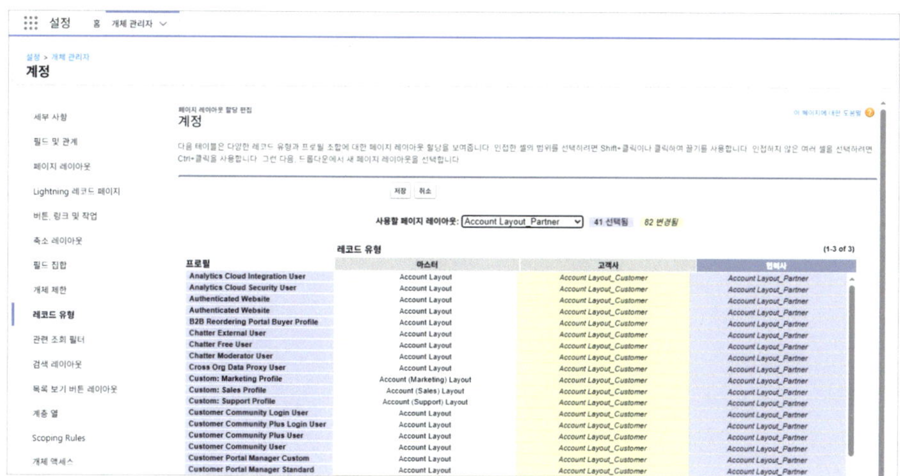

프로필	마스터	고객사	협력사
Analytics Cloud Integration User	Account Layout	Account Layout_Customer	Account Layout_Partner
Analytics Cloud Security User	Account Layout	Account Layout_Customer	Account Layout_Partner
Authenticated Website	Account Layout	Account Layout_Customer	Account Layout_Partner
Authenticated Website	Account Layout	Account Layout_Customer	Account Layout_Partner
B2B Reordering Portal Buyer Profile	Account Layout	Account Layout_Customer	Account Layout_Partner
Chatter External User	Account Layout	Account Layout_Customer	Account Layout_Partner
Chatter Free User	Account Layout	Account Layout_Customer	Account Layout_Partner
Chatter Moderator User	Account Layout	Account Layout_Customer	Account Layout_Partner
Cross Org Data Proxy User	Account Layout	Account Layout_Customer	Account Layout_Partner
Custom: Marketing Profile	Account (Marketing) Layout	Account Layout_Customer	Account Layout_Partner
Custom: Sales Profile	Account (Sales) Layout	Account Layout_Customer	Account Layout_Partner
Custom: Support Profile	Account (Support) Layout	Account Layout_Customer	Account Layout_Partner
Customer Community Login User	Account Layout	Account Layout_Customer	Account Layout_Partner
Customer Community Plus Login User	Account Layout	Account Layout_Customer	Account Layout_Partner
Customer Community Plus User	Account Layout	Account Layout_Customer	Account Layout_Partner
Customer Community User	Account Layout	Account Layout_Customer	Account Layout_Partner
Customer Portal Manager Custom	Account Layout	Account Layout_Customer	Account Layout_Partner
Customer Portal Manager Standard	Account Layout	Account Layout_Customer	Account Layout_Partner

매핑 구조

- Record Type A → Page Layout A
- Record Type B → Page Layout B

이렇게 매핑하면 동일한 Object라도 Record Type별로 서로 다른 필드·섹션·관련 목록을 표시할 수 있습니다.

왜 매핑이 중요한가?

- 한 화면에 모든 필드를 넣지 않아도 됨
- 팀별·프로세스별로 최소한의 필드만 묶어 UI 제공
- 사용자 입력 오류 감소
- 필요 없는 필드 노출 방지

Record Type과 Page Layout의 조합은 Salesforce UI 구성의 핵심 엔진입니다.

❸ Business Process(비즈니스 프로세스) 설정

Business Process는 특정 Object에서 Record Type별로 다른 단계(Stage) 또는 상태 (Status)를 정의할 수 있게 합니다.

Business Process가 적용되는 대표 객체:

- Lead(리드)
- Opportunity(영업기회)
- Case(케이스)의 Status
- Solution(솔루션)
- Support Process(지원 프로세스)

Business Process의 역할

- 단계 기반 프로세스 분리
- 팀별 단계 정의
- Record Type별 프로세스 구성
- 보고서 단계 필터링을 명확히 함

예)

- 리드(Lead)
  - 광고 리드: 5단계
  - 방문 상담 리드: 3단계
- 영업기회(Opportunity)
  - B2B: 세부 단계 8단계
  - B2C: 단순 단계 5단계
- 케이스(Case)
  - 기술지원: 처리 단계 중심
  - 고객불만: 심사 및 조치 중심

Business Process가 없으면 단계/상태가 뒤섞여 정확한 분석과 자동화 설정이 어려워집니다.

설정 절차

Record Type 기반 프로세스를 구성하려면 다음 순서가 가장 효과적입니다.

1 프로세스 유형 파악

- 팀별 프로세스?
- 데이터 유형별 프로세스?
- 단계/상태가 서로 다른가?

2 Record Type 정의

예)

- B2B Opportunity
- B2C Opportunity
- 기술지원 케이스
- 품질 불만 케이스

3 Business Process 설정

- 해당 Record Type에 필요한 Stage/Status 정의
- 기존 단계와 충돌 없는지 검증
- 보고서 필터 기준 정의

4 Page Layout 생성

- 필드·섹션 구성
- 관련 목록 정리
- UI 단순화

5 Record Type ↔ Page Layout 매핑

- Profile별로 다른 Page Layout 연결
- 필요 시 모바일 레이아웃도 별도 구성

6 권한 구조 설정

- Profile에서 해당 Record Type 접근 허용 여부 체크

- 필요 시 Permission Set으로 액세스 확장

7 사용자 테스트 및 교육

- 실제 입력 흐름 테스트
- 단계 전환, UI, 필드 노출 확인
- 팀별 매뉴얼 제공

요약

· Record Type은 같은 Object에서 서로 다른 프로세스·UI·선택목록을 운영하도록 지원합니다.·
· Page Layout 매핑과 Business Process 설정은 Record Type의 필수 구성 요소입니다.
· 프로세스 유형별/팀별 레코드 분리에 매우 효과적입니다.
· Record Type 설계는 조직의 프로세스 품질과 데이터 품질을 모두 좌우합니다.

실무 적용 패턴

`패턴 1` 팀별 영업 프로세스 분리

- B2B 팀: 복잡한 영업 프로세스
- B2C 팀: 단순 프로세스

→ 같은 Opportunity Object를 사용하지만, 서로 다른 프로세스·UI 제공

`패턴 2` 케이스 유형별 UI 분리

- 불만 접수 케이스
- 환불 요청 케이스
- 기술 지원 케이스

→ Record Type + Page Layout 조합으로 프로세스 분리

`패턴 3` 선택목록(Picklist) 값 분리

- B2B는 20개의 상세 단계
- B2C는 5개 주요 단계

→ Record Type별 Picklist 값 분리로 단순화

`패턴 4` 단계 기반 자동화 분리

Flow, Assignment Rule, Escalation Rule이 Record Type 기반으로 동작하는 구조

→ 프로세스 충돌 없이 자동화 작동

운영 및 관리 관점의 팁

- Record Type은 많이 만들수록 관리 복잡도가 증가하므로 최소한으로 유지합니다.
- Page Layout과의 매핑 없이는 Record Type의 효과가 없다.
- Picklist 값은 Record Type별로 반드시 정리하라.
- Business Process는 보고서 구조와 긴밀하게 연결된다.
- Record Type 추가 시 자동화 영향도를 반드시 점검하라.
- Profile에서 Record Type을 허용해야 사용자에게 표시된다.

Record Type 설계는 단순 UI가 아니라 "프로세스 아키텍처 설계"라는 점을 항상 기억해야 합니다.

실패 사례 / 주의사항

- Record Type을 사용하지 않고 Page Layout만 여러 개 만들려는 시도
- Picklist 값이 Record Type별로 정리되지 않아 입력 품질 저하
- Record Type을 너무 많이 만들어 사용자가 선택하기 어려움
- Profile에서 Record Type 접근을 허용하지 않아 화면에 보이지 않는 문제
- 단계(Stage/Status)를 혼합해 보고서 분석이 불가능해짐
- 자동화(Flow)가 Record Type별 조건을 고려하지 않아 충돌 발생

이 문제들은 대부분 Record Type을 "UI 기능"으로만 이해하고 "프로세스 기능"이라는 본질을 놓쳤기 때문에 발생합니다.

실무 사례

[사례]	고객지원센터 케이스 유형별 프로세스 분리
문제상황	· 문의·불만·환불·기술지원 모두 하나의 Page Layout 사용 · 필드 70개 노출로 상담원 입력 시간 과다 · 보고서에서 케이스 유형별 분석이 어려움
해결과정	· Record Type 4개로 유형 분리 · Page Layout을 각각 4개로 분할 · 필드 수 평균 70개 → 25개로 축소 · 선택목록 값도 각각 분리 · Flow 자동화는 Record Type 기반 조건 설정
결과	· 상담 시간 30% 감소 · 보고 분석 체계 수립 · UI 복잡도 대폭 감소

1. Record Type 기반으로 영업 프로세스(B2B/B2C)를 분리하는 설계를 직접 구성하시오.

2. 하나의 Page Layout을 여러 Record Type에서 사용할 때의 장단점을 정리하시오.

Quiz

1. Record Type의 주요 목적은?
   A. Object 삭제　　　　　　B. 프로세스·UI 분리　　　　　C. 사용자 생성

2. Business Process는 주로 무엇을 분리하는가?
   A. 사용자 언어　　　　B. 단계(Stage)·상태(Status)　　　　C. Record ID

3. Record Type이 사용자에게 보이기 위해 필요한 설정은?
   A. Role　　　　B. Profile에서 접근 권한 허용　　　　C. Sharing Rule

정답) 1. B / 2. B / 3. B

4장
자동화 실무

Salesforce를 일정 기간 사용한 조직에서는 필연적으로 "자동화" 요구가 폭발적으로 증가합니다. 처음에는 단순한 알림이나 상태 변경 수준이지만, 시간이 지날수록 다음과 같은 상황이 나타납니다.

- 영업기회 단계가 바뀔 때 여러 필드를 동시에 업데이트해야 함
- 케이스가 접수되면 자동으로 담당자에게 배정되기를 원함
- 일정 요일마다 처리해야 할 정기 점검 작업이 존재
- 특정 조건일 때만 이메일이나 알림이 발송되어야 함
- 여러 단계의 승인·검증 로직이 필요함
- 기존 워크플로우/프로세스 빌더가 복잡하게 얽혀 장애 발생

문제는 많은 조직이 자동화를 기능 몇 개 더 추가하는 정도로 이해한다는 사실입니다. 그러나 본질은 다릅니다.

자동화는 Salesforce가 기업 내부의 업무 프로세스를 지속적·정확·빠르게 실행하도록 만드는 "업무 엔진"입니다. 즉, 자동화를 잘 설계하면 조직의 운영 품질이 비약적으로 향상되지만, 잘못 설계하면 시스템 전체를 불안정하게 만드는 위험 요소가 됩니다.

따라서 Salesforce Admin이 중급으로 성장하기 위해서는 자동화 개념·구조·요소·운영 원칙을 명확히 이해해야 합니다.

개요

본 Chapter에서는 Salesforce 자동화의 핵심 도구인 Flow(플로)를 중심으로 설명합니다.

다음 항목을 순서대로 다룹니다.

1. Flow(플로) 개념과 유형
2. Record-Triggered Flow(레코드-트리거 플로)
3. Screen Flow(스크린 플로)
4. Schedule-Triggered Flow(스케줄-트리거 플로)
5. Autolaunched Flow(자동 실행 플로)
6. Flow Element(플로 요소)
   - Decision(결정)
   - Loop(반복)
   - Assignment(할당)
   - Subflow(서브플로)
7. Flow 운영
8. Flow Debug(디버그) 및 버전 관리

Flow는 Salesforce 자동화의 표준이며, 향후 모든 자동화는 Flow 중심으로 통합됩니다.

핵심 개념 정리

1 Flow(플로) 개념과 유형

Flow는 Salesforce 내부에서 여러 단계의 논리적 처리·데이터 조작·사용자 입력·조건 분기를 수행하는 자동화 엔진입니다.

과거 Workflow Rule, Process Builder가 수행하던 기능을 모두 포함하며, 보다 복잡한 로직·반복·조건·화면 수행까지 가능합니다.

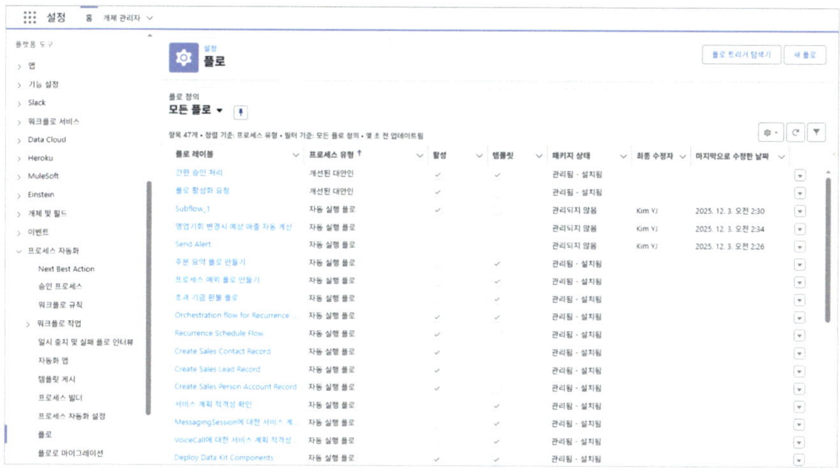

Flow는 총 네 가지 유형으로 구성됩니다.

1) Record-Triggered Flow(레코드-트리거 플로)

레코드가 생성/수정/삭제될 때 자동 실행된다. 영업·케이스·계정·커스텀 오브젝트 등 대부분 자동화의 중심입니다.

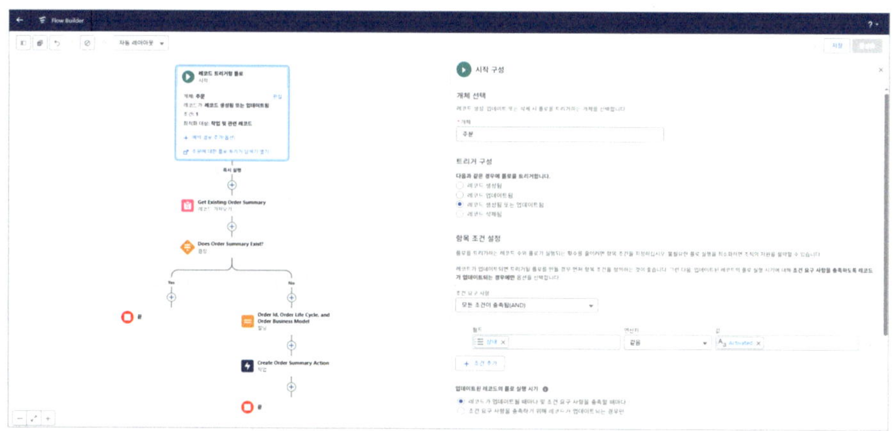

예)

- 영업기회(Stage) 변경 시 매출예측 자동 계산

- 케이스 생성 시 SLA 타이머 시작

- 고객등급 변경 시 활동(Task) 자동 생성

2) Screen Flow(스크린 플로)

사용자에게 화면을 제공하는 플로. UI 기반 프로세스를 확장하는 데 사용됩니다.

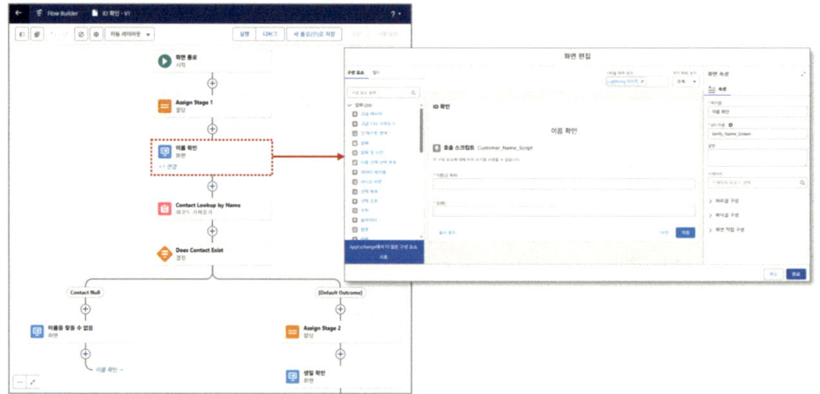

예)

- 신규 고객 등록 화면 제공

- 상담원용 케이스 접수 화면

- 복잡한 입력 작업을 단계별로 유도

3) Schedule-Triggered Flow(스케줄-트리거 플로)

지정된 시간·주기마다 실행되는 자동화입니다.

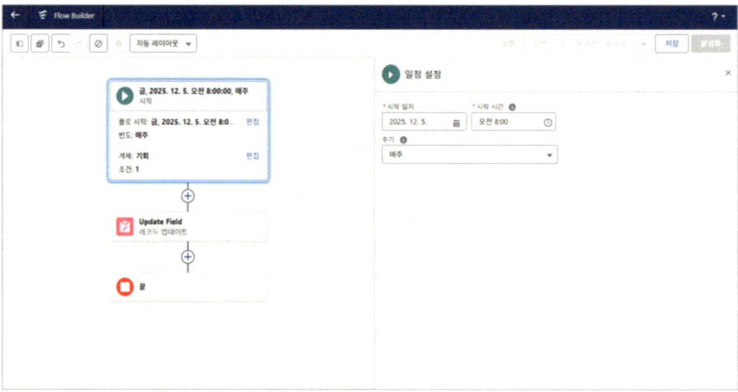

예)

- 매일 오전 9시 미완료 작업 자동 알림

- 매주 금요일 미해결 케이스 자동 정리

- 월말 자동 보고서 생성 작업 준비

트리거 없이 다른 플로/프로세스/버튼에서 호출되는 플로. 일종의 기능 모듈 역할.

예)

- 주소 정규화 Subflow

- 데이터 검증 Subflow

- 공통 업데이트 로직

② Record-Triggered Flow(레코드-트리거 플로)

Record-Triggered Flow는 "레코드가 변경되면 자동으로 실행되는 플로"입니다.

핵심 조건

- 트리거 조건(생성/수정/삭제/기존 조건 충족 시)
- Immediate(즉시) vs After Save(저장 후) 실행
- 자동화 순서(Flow Trigger Order) 고려

대표 활용

- 영업기회 Stage 변경 자동 트래킹
- 계정 등급 변경 시 하위 연락처 업데이트
- 케이스 Priority 변경 시 알림 발송

Record-Triggered Flow는 조직 내 80%의 자동화 요구를 해결하는 핵심입니다.

③ Screen Flow(스크린 플로)

Screen Flow는 사용자가 Salesforce에서 '더 나은 화면'을 통해 입력·업무 처리를 할 수 있도록 해줍니다.

Screen Flow의 강점

- 표준 UI보다 더 정돈된 입력 경험 제공
- 단계별 입력 강제
- 조건별 화면 표시
- Lightning App Page에서 쉽게 배치

예)

- 영업 상담 프로세스를 단계별로 안내

- 케이스 접수 시 상담사가 필요한 정보만 순서대로 입력

- 사용자 정의 가입신청 화면 제공

Screen Flow는 "UI 확장 도구"로 생각하면 가장 이해하기 쉽습니다.

4 Schedule-Triggered Flow(스케줄-트리거 플로)

특정 시간에 반복적으로 실행해야 할 업무를 자동화합니다.

예)

- 매일 오전 7시 '미해결 케이스' 점검

- 매주 월요일 '지난주 영업기회 활동 미입력 건' 알림

- 매월 1일 '고객 등급 재계산' 수행

주기적 업무가 많은 조직에서 특히 유용합니다.

5 Autolaunched Flow(자동 실행 플로)

Autolaunched Flow는 단독 실행이 아니라 다른 Flow나 Button에서 재사용되는 모듈형 자동화입니다.

예)

- 공통 주소 변환 로직

- 고객 점수 계산

- 중복 검증 로직

복잡한 Flow를 단순화하는 역할을 합니다.

6 Flow Element(플로 요소)

Flow 내부에서 실제 논리·계산·조건 처리를 담당하는 구성 요소입니다.

1) Decision(결정)

조건에 따라 다음 단계 분기

예)

\- Case Priority가 High면 알림 발송

\- 고객등급이 VIP 이상이면 담당자 자동 배정

2) Loop(반복)

리스트 데이터를 반복 처리

예)

\- 관련 연락처 모두 업데이트

\- 여러 케이스에 동일한 상태값 일괄 적용

Loop는 Flow 성능과 데이터 모델에 큰 영향을 주므로 가장 신중하게 설계해야 하는 요소입니다.

3) Assignment(할당)

변수 값 또는 필드 값을 설정

예)

\- 총 금액 합산

\- 상태값 변경

\- 임시 변수 저장

모든 Flow의 기본 구성 요소입니다.

4) Subflow(서브플로)

다른 Flow를 호출하는 요소

예)

\- 공통 계산 로직을 여러 Flow에서 재사용

\- 중복 체크 로직 공유

\- 단계별 공통 UI 화면 재사용

Subflow는 구조적 확장성과 유지보수성을 높여 줍니다.

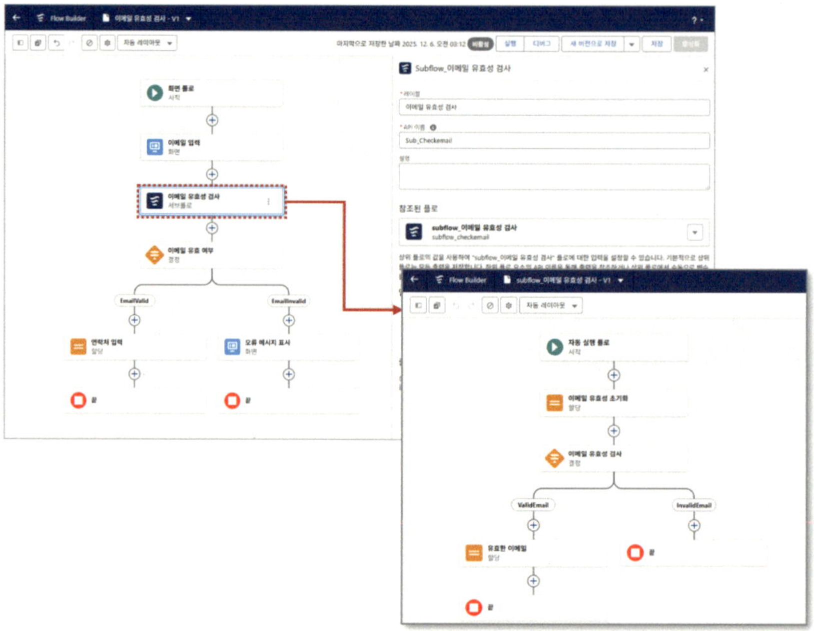

설정 절차

자동화를 설계할 때는 다음 순서를 따르면 오류 없이 안정적인 구조를 만들 수 있습니다.

1 비즈니스 요구 분석

- 어떤 조건에서 자동화가 발생해야 하는가?
- 입력·계산·알림·상태 변경 중 어떤 역할인가?
- 사용자 개입 필요 여부 확인(Screen Flow vs Autolaunched)

2 데이터 모델 영향 분석

- 어떤 오브젝트가 관련되는가?
- Lookup/Master-Detail 관계 영향은?
- 기록 변경 시 다른 자동화와 충돌 가능성 확인

3 Flow 유형 선택

- 레코드 변경 기반 → Record-Triggered
- UI 확장 → Screen

- 정기 작업 → Schedule
- 모듈화 → Autolaunched

4 Flow 설계

- 화면 구성
- 변수 정의
- Decision/Loop 구성
- 오류 처리

5 테스트

- 단건 테스트
- 여러 조건 테스트
- 대량 레코드 테스트
- 성능 테스트

6 배포

- Sandbox → Production
- Change Set 또는 DevOps 툴 활용
- 기존 자동화 비활성화 필요 여부 검토

7 운영 모니터링

- Flow Error 로그 확인
- Fault Path 구성
- 월간 점검

요약

· Flow는 Salesforce 자동화의 표준이자 통합된 자동화 플랫폼입니다.
· Record-Triggered, Screen, Schedule, Autolaunched는 각각 명확한 역할을 가집니다.
· Flow Elements(Decision, Loop, Subflow 등)는 논리를 구성하는 핵심 도구입니다.
· Flow 설계는 기능 추가가 아니라 프로세스 아키텍처 설계 그 자체입니다.

실무 적용 패턴

`패턴 1` 단계 변경 기반 작업 생성

영업기회 Stage 변경 시 자동으로 Task 생성 및 담당자 배정

`패턴 2` 케이스 자동 배정 구조

Priority·Region 기반으로 Flow에서 배정 로직 구현

`패턴 3` 정기적 데이터 클린업

Schedule Flow로 매일 중복/누락 데이터 정리

`패턴 4` Screen Flow 기반 입력 단순화

상담사가 한 화면에서 단계별로 고객 정보를 입력

`패턴 5` 모듈형 자동화(Subflow)

여러 Flow에서 공통 로직(주소 정규화 등)을 재사용해 유지보수 편의성 극대화

운영 및 관리 관점의 팁

- Flow는 단순 기능이 아니라 '업무 엔진'이라는 관점으로 바라보세요.
- 단일 Flow에 너무 많은 로직을 넣지 말고 Subflow로 나누어 보세요.
- Record-Triggered Flow는 과도하게 많이 만들지 마세요.
- Loop 사용 시 처리량(Governor Limit)을 반드시 고려합니다.
- 에러 경로(Fault Path)는 필수로 설정하세요.
- 기존 Process Builder/Workflow Rule 정리(Decommission)도 운영의 핵심입니다.

Flow 운영의 핵심은 "구조적 사고"다. 규칙 없이 기능만 추가하면 자동화는 곧 기술 부채가 됩니다.

실패 사례 / 주의사항

- Record-Triggered Flow를 여러 개 생성해 충돌 발생

- 조건이 모호한 Decision 구성으로 예기치 못한 분기 발생
- Loop에서 대량 데이터를 처리해 시스템 제한 초과
- 너무 긴 Screen Flow로 사용자 경험 악화
- Fault Path 미구현으로 오류 발생 시 추적 불가
- 중복된 Flow 로직으로 유지보수 불가

잘못 설계된 Flow는 "자동화가 아니라 장애의 원인"이 됩니다.

[사례]	글로벌 IT기업의 영업 자동화 구축
문제상황	· Stage 변경 시 필요한 작업이 7개 · Process Builder와 Workflow가 엉켜 오류 다수 · 데이터 불일치·과도한 알림 발생
해결과정	· 기존 자동화 모두 Flow로 통합 · Stage 변경 기준 Autolaunched Subflow 구성 · Record-Triggered Flow에서 Subflow 호출 · Error Handling 체계 구축
결과	· 오류 90% 감소 · 사용자 만족도 증가 · 운영 구조 단순화

1. Record-Triggered Flow로 "Stage 변경 시 작업 생성" Flow를 설계하시오.

2. Screen Flow로 상담원 입력 화면을 설계해 단계별 흐름을 정의하시오.

Quiz

1. Flow 유형 중 사용자 UI를 제공하는 유형은?
   A. Record-Triggered Flow
   B. Screen Flow
   C. Autolaunched Flow

2. Subflow의 목적은?
   A. 화면 제공　　　　　　　B. 공통 로직 재사용　　　　　　C. 보고서 작성

3. Schedule-Triggered Flow가 적합한 상황은?
   A. 레코드 저장 시　　　　　B. 정기 작업 필요 시　　　　　C. 버튼 클릭 시

정답) 1. B / 2. B / 3. B

5장
데이터 품질 관리

Salesforce를 일정 기간 운영한 조직은 어느 순간 반드시 다음과 같은 문제를 경험합니다.

- 리드·계정·연락처가 중복되어 영업팀이 정확한 고객을 찾지 못함
- 케이스가 잘못된 유형으로 등록되어 자동화가 제대로 작동하지 않음
- 보고서 기준이 매번 달라 데이터를 신뢰할 수 없음
- 필수 정보가 비어 있어 업무가 중단됨
- 캠페인 분석이 불가능하거나 잘못된 데이터로 의사결정을 내림
- 담당자가 바뀌어도 기록이 불명확해 책임자가 모호해짐

CRM을 구축하는 기업 대부분은 "데이터 모델링"이나 "자동화"에 집중하지만 정작 가장 중요한 데이터 품질(Data Quality)은 후순위로 밀리는 경우가 많습니다.

데이터 품질이 떨어지면 Salesforce 기능은 아무도 신뢰하지 않게 됩니다. 그러면 CRM은 단순한 데이터 저장소로 전락하며, 조직은 원래 쓰던 엑셀이나 개별 시스템으로 다시 돌아가려 합니다.

즉, 데이터 품질은 CRM의 성패를 결정하는 핵심 요소입니다.

개요

본 Chapter에서는 Salesforce 데이터 품질 관리의 기본 구조를 다루어 봅니다.

1. Duplicate Rule(중복 규칙)·Matching Rule(매칭 규칙)

2. Validation Rule(유효성 규칙) 고급 활용

3. 데이터 품질 기준 설계

4. 품질 운영 지표

Salesforce는 단순한 데이터 입력 도구가 아니라 데이터 품질을 유지하도록 도와주는 다양한 내장 기능을 제공하며, Admin은 이를 체계적으로 활용해야 합니다.

핵심 개념 정리

1 Duplicate Rule(중복 규칙)·Matching Rule(매칭 규칙)

Duplicate Rule과 Matching Rule은 Salesforce에서 중복 데이터를 방지하는 핵심 기능입니다.

1) Matching Rule(매칭 규칙)

"어떤 기준으로 중복을 판단할 것인가?"를 정의합니다.

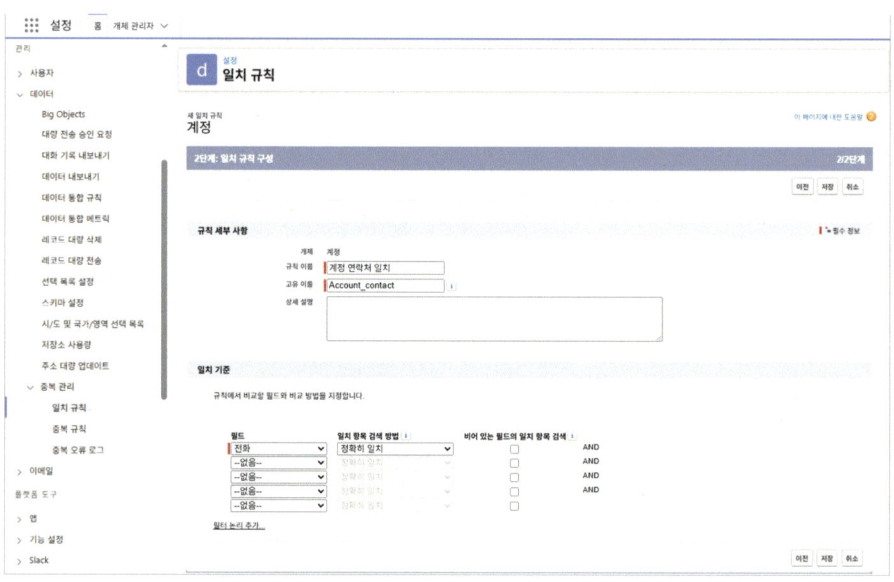

예)

- 이메일 동일 = 중복

- 전화번호 동일 = 중복

- 이름 + 회사명 조합 동일 = 중복

Matching Rule은 비교 기준을 제공하는 구조입니다.

2) Duplicate Rule(중복 규칙)

"중복이 감지되면 어떻게 처리할 것인가?"를 정의합니다.

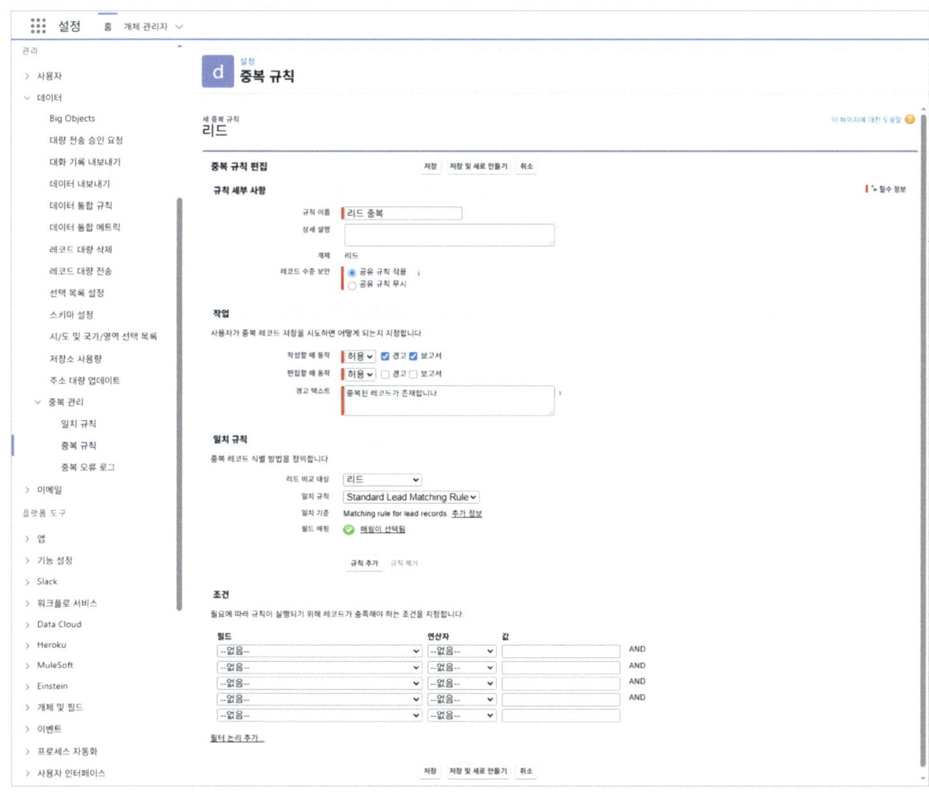

예)

- 저장 차단(Block)

- 경고(Alert)

- 사용자가 무시하고 저장하도록 허용

Duplicate Rule은 Matching Rule을 기반으로 동작합니다.

중복 규칙이 중요한 이유

- 영업 중복 연락 방지
- 계정/연락처 중복으로 데이터 오염 방지
- 마케팅 캠페인 분석의 정확도 향상
- 고객 이탈 원인 분석의 일관성 유지

중복은 CRM 데이터 품질을 무너뜨리는 대표적인 문제이며 Salesforce는 이를 구조적으로 관리할 수 있도록 준비되어 있습니다.

2 Validation Rule(유효성 규칙) 고급 활용

Validation Rule은 잘못된 데이터 입력을 원천적으로 차단하는 기능입니다.

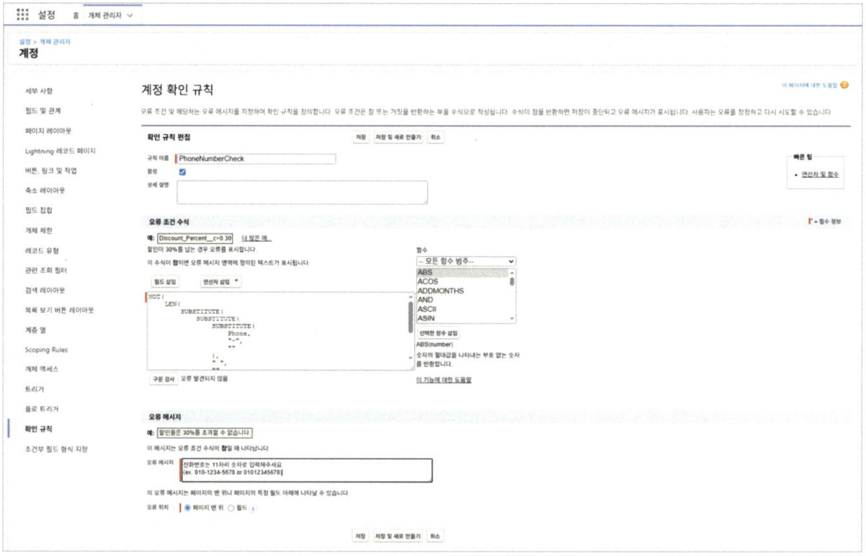

Validation Rule 역할

- 필드 간 일관성 유지
- 조건 기반 필수 입력 강제
- 비즈니스 규칙 준수
- 잘못된 상태(Status) 변경 방지
- 데이터 무결성 보호

예)

  - "금액 > 0"인 경우에만 "닫힘(Closed)" 상태 허용

  - "VIP 고객"인 경우 연락처 전화번호 필수

  - "케이스 유형 = 환불"일 때 "환불 사유" 필수

Validation Rule은 절대 단순한 오류 메시지 기능이 아니라 데이터 품질을 유지하는 방화벽 역할입니다.

3 데이터 품질 기준 설계

Salesforce 데이터 품질은 체계적 기준 없이 유지될 수 없습니다.

품질 기준 구성 요소

1. 중복 기준
2. 필수 필드 기준
3. 데이터 형식 기준
4. Picklist 값 관리 기준
5. 입력 책임자(Owner) 기준
6. 보관·폐기·아카이빙 기준
7. 검증 기준(Validation Rule 기준)

데이터 품질 기준은 "운영 매뉴얼" 수준이 아니라 조직 전체가 준수해야 하는 데이터 헌장(Data Charter)입니다.

4 품질 운영 지표

데이터 품질을 관리하려면 측정 가능한 지표가 필요합니다.

주요 지표:
- 중복률(%)
- 필수 필드 누락률
- 데이터 형식 오류 발생률
- 케이스/리드 오입력률

- 품질 검증 실패(Validation Error) 발생률
- 자동화 오류 건수
- Owner 미지정 레코드 수

품질은 측정해야 관리할 수 있고, 관리해야 개선할 수 있습니다.

설정 절차

데이터 품질 관리는 다음 단계를 체계적으로 수행해야 효과가 큽니다.

1 데이터 품질 문제 진단

- 중복률 분석
- 주요 필드 누락률 분석
- Validation Rule 오류 패턴 확인
- 자동화 실패 로그 확인

2 데이터 품질 기준 정의

- 중복 방지 기준
- 필수 입력 기준
- 단계별 규칙

3 Matching Rule·Duplicate Rule 설정

- 비교 기준 정의
- 중복 검출 강도 조절
- 저장 차단/경고 방식 선택

4 Validation Rule 작성

- 필수값 조건
- 단계별 규칙
- 권한 기반 예외 처리

5 교육 및 온보딩

- 영업·CS 사용자 교육
- 데이터 입력 가이드
- 입력 예시 제공

6 모니터링 및 리포팅

- 월간 품질 리포트
- 누락/오류/중복 현황
- 개선 활동 점검

7 정기 보정(Clean-up) 작업

- 오래된 폐기 데이터 제거
- 중복 정리
- Picklist 값 정리

요약

· 데이터 품질은 CRM 성공의 핵심이며 Salesforce는 이를 위해 다양한 기능을 제공합니다.
· 중복 방지는 Matching Rule + Duplicate Rule 조합으로 설계해야 합니다.
· Validation Rule은 비즈니스 규칙을 데이터에 직접 반영하는 가장 강력한 품질 제어 장치입니다.
· 품질 기준·품질 지표·정기 점검 체계는 필수입니다.

실무 적용 패턴

패턴 1 신규 리드 데이터 품질 정제
- 광고·전시회·외부 리스트 등 유입 시
- Matching Rule 기반 중복 필터링
- 이메일/전화번호 기준 강화

패턴 2 계정·연락처 중복 방지 운영
- 계정명 + 도메인 기반 노출
- 연락처 이메일 기준 강력 차단

패턴 3 케이스 품질 관리
- 유형별 필수 필드 요구
- 상태 변경 규칙 강제
- 해결 기록 누락 방지

패턴 4 데이터 클린업 프로세스
- 정기 Export → 정제 → 재업로드
- Validation Rule 로그 분석
- 중복 제거 Flow 적용

패턴 5 자동화 보호
- Validation Rule로 잘못된 자동화 실행 방지
- 필수값 충족 여부 검증
- 잘못된 상태 전환 차단

운영 및 관리 관점의 팁

- 데이터는 시간이 지날수록 오염된다. 관리하지 않으면 절대 개선되지 않습니다.
- Validation Rule은 강력하지만, 과도하게 적용하면 사용자 불만이 발생하므로 균형이 필요합니다.
- Matching Rule은 너무 약하면 중복 증가, 너무 강하면 신규 데이터 입력 차단 문

제 발생합니다.

- 데이터 품질은 Admin 혼자 관리하는 것이 아니라 조직 전체가 참여해야 합니다.
- Picklist 값 정리는 품질 유지의 가장 기본이지만 가장 자주 잊히는 영역입니다.
- 품질 모니터링 리포트는 운영 품질을 장기적으로 높이는 핵심입니다.

데이터 품질 관리는 단순한 기술 작업이 아니라 조직의 운영 문화를 바꾸는 과정입니다.

실패 사례 / 주의사항

- 이메일/전화번호 중복 기준이 없어 통합 고객 관리 실패
- Validation Rule 미적용으로 필수 정보 누락
- 잘못된 Picklist 값이 계속 누적
- 중복 제거 작업이 수작업에 의존
- Owner 미배정 데이터가 계속 발생
- 데이터 기준이 조직마다 달라 분석 불가

데이터 품질은 "첫 입력"에서 결정되며 입력 기준이 없다면 CRM은 반드시 무너지게 됩니다.

실무 사례

[사례]	금융기업의 리드 데이터 품질 재정비
문제상황	· 리드 중복률 28% · 연락처 누락률 40% · 단계(Stage) 일관성 없음 · 영업팀이 CRM 데이터 신뢰 불가
해결과정	· 이메일·전화번호 기반 Matching Rule 강화 · 단계별 Validation Rule 작성 · 중복 리드 자동 병합 Flow 적용 · Picklist 값 통합 정리
결과	· 중복률 28% → 4%로 감소 · 입력 품질 60% 개선 · CRM 신뢰도 회복 및 Pipeline 분석 정상화

실습

1. 연락처(Contact)의 중복 기준을 이메일·전화번호 기반으로 설계하고 Matching Rule 요소를 작성하시오.

---

2. '환불 요청 케이스'에서 필수 입력 필드를 Validation Rule로 정의해보시오.

Quiz

1. Matching Rule의 역할은?
  A. 필드 숨김   B. 중복 판단 기준 설정   C. 화면 구성

2. Validation Rule이 필요한 이유는?
  A. UI를 꾸미기 위해   B. 잘못된 데이터 입력 방지   C. 보고서 만들기 위해

3. 데이터 품질 지표가 아닌 것은?
  A. 중복률   B. 필수 필드 누락률   C. 사용자 로그인 시간

정답) 1. B / 2. B / 3. B

6장
운영 자동화 도구

Salesforce를 일정 기간 사용한 조직에서는 "운영 자동화"에 대한 요구가 빠르게 증가합니다. 특히 고객지원(Service)·영업운영(Operation) 조직에서는 다음과 같은 문제가 빈번하게 발생합니다.

- 케이스가 접수되었지만 담당자 배정이 늦어 고객 불만 증가
- 특정 지역·특정 유형의 문의가 잘못된 팀으로 전달됨
- 업무량이 한 명에게 몰려 비효율 발생
- SLA(Service Level Agreement) 위반이 발생해도 시스템이 알려주지 않음
- 단순 반복 업무 때문에 상담사·운영팀의 업무 스트레스 증가
- 운영을 안정적으로 유지하려면 사람의 지속적인 확인이 필요

이 모든 문제는 사실 Salesforce가 이미 제공하는 Queue(대기열), Assignment Rule(할당 규칙), Escalation Rule(에스컬레이션 규칙), Case Routing(케이스 라우팅)으로 자동화할 수 있다.

이 도구들을 이해하고 적절히 조합하면 어떤 조직이라도 "사람이 직접 챙기지 않아도 스스로 돌아가는 운영 구조"를 만들 수 있습니다. 이는 운영 효율성을 극대화하는 동시에 SLA, 고객 만족도, 처리 품질을 크게 향상시키는 핵심 기반입니다.

개요
본 Chapter에서는 운영 자동화의 핵심 구성 요소를 다루어 봅니다.

1. Queue(대기열)
2. Assignment Rule(할당 규칙)
3. Escalation Rule(에스컬레이션 규칙)
4. Case Routing(케이스 라우팅)

이 네 가지 기능은 서로 독립적이면서도 함께 활용할 때 가장 강력한 효과를 발휘합니다. 특히 고객지원(Service Cloud)에서 케이스 자동 배정과 SLA 운영을 담당하는 기본 엔진입니다.

핵심 개념 정리

1 Queue(대기열)

Queue는 케이스, 리드 등 특정 레코드를 "개인이 아닌 팀 단위"로 할당하기 위한 기능입니다.

Queue의 역할

- 레코드를 잠시 보관하는 '공용 바구니' 역할
- 여러 상담사·영업팀이 Queue에 접근해 필요한 레코드를 가져가 처리
- 담당자를 특정하지 않고 팀 단위로 처리 대기 상태 유지
- Assignment Rule과 결합하여 자동 배정 흐름 구성

  예)
  - '기술지원팀 Queue'
  - '환불 요청 Queue'
  - '리드 인바운드 Queue'

Queue는 운영 조직의 부담을 낮추고, 업무량을 균등하게 배분하는 기초 장치입니다.

2 Assignment Rule(할당 규칙)

Assignment Rule은 케이스나 리드가 생성될 때 어떤 조건일 때 누구(혹은 어느 Queue)에게 배정할지 자동으로 결정하는 규칙입니다.

Assignment Rule의 동작 원리

- 레코드 생성 시 트리거
- 조건 순서대로 평가
- 일치할 경우 지정된 사용자 또는 Queue로 자동 할당
- 이메일 알림 포함 가능

  예)

  - 지역이 '서울' → 서울지원팀 Queue

  - 케이스 유형이 '환불' → 환불전담팀 Queue

  - 리드 산업군이 '제조업' → 제조 영업팀 담당자

Assignment Rule을 잘 구성하면 "사람이 매번 케이스를 보고 배정해야 하는 문제"를 완전히 해결할 수 있습니다.

❸ Escalation Rule(에스컬레이션 규칙)

Escalation Rule은 케이스가 일정 시간 동안 해결되지 않을 때 자동으로 상위 담당자나 별도 팀에게 승급(Escalate)하는 규칙입니다.

Escalation Rule의 역할

- SLA 기반 자동 관리
- 지연된 케이스를 상위팀에 자동 전달
- 불만 케이스 자동 승급
- 담당자 부재 시 자동 알림 및 재배정

  예)

  - High Priority 케이스가 4시간 미해결 → 팀장에게 에스컬레이션

  - 환불 요청이 24시간 미해결 → 품질관리팀으로 자동 승급

Escalation Rule은 운영팀이 "모든 케이스를 수동으로 추적해야 하는 부담"을 줄여줍니다.

❹ Case Routing(케이스 라우팅)

Case Routing은 Queue + Assignment Rule + Flow를 조합하여 케이스가 "정확한 팀·정확한 담당자"로 자동 흐르도록 만드는 구조입니다.

Case Routing 구성 요소

- 입력 경로(웹/이메일/포털/챗봇 등)
- Assignment Rule
- Queue
- Flow(조건별 추가 처리)
- Omni-Channel(상담사 작업 배분 엔진)

Case Routing이 완성되면 케이스는 생성되는 순간부터 자동으로 분석·분류·배정되며 상담사는 시스템이 배정한 작업만 처리하면 됩니다.

설정 절차

운영 자동화는 다음 단계로 구성하는 것이 가장 안전하고 오류가 적습니다.

1 업무 흐름 분석

- 케이스는 어떤 경로로 들어오는가?
- 어떤 조건에서 어느 팀이 처리하는가?
- SLA는 어떻게 구성되어 있는가?

2 Queue 설계

- 팀 단위 Queue 정의
- 처리 담당자(User) 추가
- Queue 기반 접근 권한 설정

3 Assignment Rule 구성

- 유형, 지역, 고객 등 조건 정의
- 가장 상위 규칙부터 순차적으로 설계
- Queue 또는 담당자 지정
- 이메일 알림 여부 설정

4 Escalation Rule 설정

- SLA 기준 시간 정의

- 조건(우선순위, 유형 등) 기반 승급 기준 설정
- 승급 대상자와 알림 방식 정의

5 Case Routing Flow 구성

- 추가 분류 로직(Flow) 작성
- 자동 알림/자동 태스크 생성 로직 추가
- Omni-Channel과 연계해 상담사에게 작업 배분

6 사용자 테스트

- 실제 케이스 발생 시 배정 흐름 검증
- SLA 타이머 정상 작동 확인
- Escalation 정상 작동 확인

7 모니터링

- Queue Backlog 확인
- SLA 위반 비율 분석
- 자동 배정 실패 로그 확인

요약

· 데이터 품질은 CRM 성공의 핵심이며 Salesforce는 이를 위해 다양한 기능을 제공합니다.
· 중복 방지는 Matching Rule + Duplicate Rule 조합으로 설계해야 합니다.
· Validation Rule은 비즈니스 규칙을 데이터에 직접 반영하는 가장 강력한 품질 제어 장치입니다.
· 품질 기준·품질 지표·정기 점검 체계는 필수입니다.

실무 적용 패턴

패턴 1 유형 기반 케이스 자동 배정

- 환불 → 환불전담팀 Queue
- 기술지원 → 기술팀 Queue
- 일반 문의 → 콜센터 Queue

패턴 2 지역 기반 자동 배정

- 서울 → 서울지원팀
- 경기 → 경기지원팀
- 지방 → 전국지원센터

패턴 3 우선순위 기반 Escalation

- HIGH Priority 4시간 미해결 → 팀장
- CRITICAL 2시간 미해결 → 본부장

패턴 4 Queue 기반 작업 균등화

- 상담사들이 Queue에서 Round Robin 방식으로 나눠 작업
- Omni-Channel 도입 시 자동 균등 배분

패턴 5 Flow 기반 정밀 Routing

- 고객 유형(VIP, 신규, 기업)
- 제품군
- 고객 이슈 특성

정밀 라우팅이 필요할수록 Flow의 역할이 중요해집니다.

운영 및 관리 관점의 팁

- Queue는 과도하게 많이 만들지 말고 목적별 최소만 구성하세요.
- Assignment Rule은 조건의 순서가 매우 중요합니다.
- 간단한 조건은 Assignment로, 복잡한 조건은 Flow로 처리하는 것이 안정적임

니다.

- Escalation Rule은 SLA 운영의 핵심이므로 반드시 정기 점검하세요.
- Omni-Channel과 결합하면 운영 효율성이 폭발적으로 증가합니다.
- Queue Backlog는 운영 품질을 확인하는 가장 중요한 지표 중 하나입니다.

운영 자동화는 조직의 '반응 속도'를 결정하며 이는 곧 고객 경험(Customer Experience)에 직결됩니다.

실패 사례 / 주의사항

- Assignment Rule 순서를 고려하지 않아 잘못된 팀에 배정
- Queue가 너무 많아 사용자가 어디서 가져가야 할지 혼란
- Escalation Rule 시간 설정 오류
- 케이스 라우팅 기준이 불분명해 Flow 충돌 발생
- Omni-Channel 설정 없이 Queue만 사용하여 작업 불균형 발생
- SLA 기준이 문서화되지 않아 자동화 기준이 불명확

운영 자동화 설정은 단순 UI 작업이 아니라 조직의 운영 체계 전체를 설계하는 작업이라는 점을 잊지 말아야 합니다.

실무 사례

[사례]	글로벌 고객지원센터의 케이스 자동화 구축
문제상황	· 케이스 유형마다 담당자가 달라 수동 분배 소요 · SLA 위반이 자주 발생 · Queue가 있으나 자동 배정 규칙 부재
해결과정	· Queue를 기능별로 재구성 · Assignment Rule로 자동 배정 · Escalation Rule로 SLA 기반 알림/승급 설정 · Flow로 상세 분류 로직 구성
결과	· 케이스 자동 배정률 95% · SLA 위반률 40% 감소 · 상담사 업무량 균형화

1. "환불 요청 케이스"를 환불 전문팀 Queue로 자동 배정하는 Assignment Rule을 설계하시오.

2. 'Priority = HIGH인 케이스가 4시간 미해결될 경우 팀장에게 Escalation되도록 규칙을 설계하시오.

Quiz

1. Queue의 주요 역할은?
   A. 개인 할당   B. 팀 단위 레코드 보관   C. 보고서 분석

2. Escalation Rule은 언제 활성화되는가?
   A. 레코드 생성 시   B. 일정 시간 미해결 시   C. 버튼 클릭 시

3. Case Routing의 핵심 구성 요소가 아닌 것은?
   A. Queue   B. Assignment Rule   C. Custom Report Type

정답) 1. B / 2. B / 3. C

7장
고급 보고서·대시보드

Salesforce를 일정 수준 이상 사용한 조직은 어느 순간 "기초 보고서·대시보드"만으로는 비즈니스 요구를 충족할 수 없다는 사실을 마주합니다.

대표적으로 다음과 같은 문제가 발생합니다.

- 팀별 실적은 잘 보이지만 '전체 Funnel 흐름'은 한눈에 분석하기 어려움
- 리드→기회→매출까지 이어지는 전환율 계산이 복잡해짐
- 대시보드에서 세부 필터링을 하려면 보고서 수를 여러 개 만들어야 함
- 여러 오브젝트(Object)의 데이터를 하나의 시각화로 통합하고 싶지만 기초 보고서로는 불가능함
- 경영진은 '예외 케이스만' 보고 싶어 하나의 보고서로 조건 분기가 필요한데 불가
- 매월 동일한 분석을 반복해야 해 비효율 발생

Salesforce는 이러한 고급 분석 요구를 해결하기 위해 표준 보고서보다 확장된 기능을 제공합니다.

그 핵심이 바로:

- Joined Report(조인드 보고서)
- Row-Level Formula(행 수준 수식)
- Dashboard Filter(대시보드 필터)
- 데이터 인사이트 도출 전략

이 기능들은 단순 데이터를 "실제 의미 있는 인사이트"로 승격시키는 데 필수이며, 중급
Admin과 분석가가 반드시 익혀야 하는 영역입니다.

개요

본 Chapter에서 다루는 분석 기능은 다음 네 가지입니다.

1 Joined Report(조인드 보고서)

2. Row-Level Formula(행 수준 수식)

3. Dashboard Filter(대시보드 필터)

4. 데이터 인사이트 도출 전략

기초 보고서가 "단일 오브젝트 중심 분석"이라면 고급 보고서는 "관계 기반·조건 기반·
계산 기반 분석"이 가능합니다.

핵심 개념 정리

1 Joined Report(조인드 보고서)

Joined Report는 여러 블록(Block)을 사용해 서로 다른 보고서 유형을 하나의 화면에
서 비교·결합하는 형태의 보고서입니다.

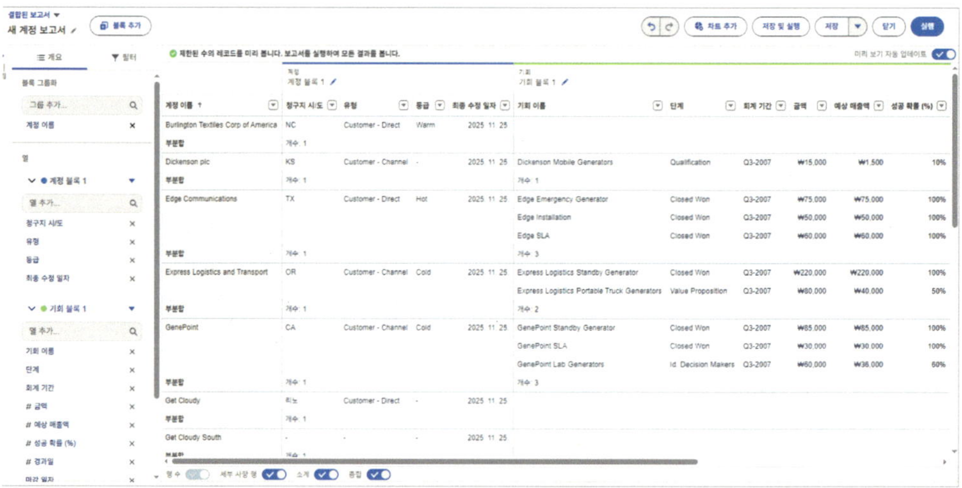

Joined Report가 필요한 이유

- 계정(Account)과 영업기회(Opportunity)를 함께 보고 싶을 때
- 케이스와 고객 연락처 정보를 한 화면에서 보여야 할 때
- 리드→기회→Closed Won까지 전체 전환 과정을 한 보고서로 구성할 때
- 여러 팀의 실적을 조건별로 병렬 비교해야 할 때

동작 원리

- Report Builder에서 Report Format을 "Joined"로 설정
- Block을 추가하여 각 Block별 Report Type 선택
- Block끼리 필드 독립, 필터 독립
- 필요한 경우 공통 필드(Group By)로 병렬 분석

Joined Report는 "멀티 오브젝트 관계 분석"의 핵심 도구입니다.

2 Row-Level Formula(행 수준 수식)

Row-Level Formula는 보고서의 각 행(레코드)에 대해 동적으로 계산식을 적용해 새로운 지표를 생성하는 기능입니다.

활용 예)

- 영업기회 금액 - 할인 금액
- 리드 생성일과 영업기회 생성일 간의 일수 계산
- SLA 남은 시간 계산
- 케이스 처리 기간 산출

왜 중요한가?

- 데이터 모델에서 굳이 계산 필드를 만들 필요 없음
- 보고서 목적에 따라 즉석 계산 가능
- 분석 유연성 대폭 증가

Row-Level Formula는 "보고 단계에서의 계산 유연성"을 제공합니다.

❸ Dashboard Filter(대시보드 필터)

Dashboard Filter는 하나의 대시보드에서 다양한 조건을 실시간으로 적용해 보는 기능입니다.

장점

- 동일 대시보드로 여러 사용자 그룹에 맞게 활용 가능
- 보고서 수를 대폭 줄임
- 지역/기간/팀/담당자 등 중요한 기준을 대시보드에서 바로 선택 가능
- 특정 조건만 보고 싶을 때 필터만 조정하면 즉시 반영

  예)

  - 지역 필터(서울/경기/부산…)

- 팀 필터(B2B/B2C/파트너영업…)

- 기간 필터(월/분기/연도)

Dashboard Filter는 "운영 대시보드"에서 특히 강력하다.

❹ 데이터 인사이트 도출 전략

고급 보고서·대시보드를 사용할 때 가장 중요한 것은 "기준 없는 시각화"가 아니라 분석 가능성을 높이는 인사이트 중심 설계다.

핵심 전략

- 비즈니스 질문을 먼저 정의하기
    - 우리 팀의 전환율은 어떤 흐름인가?
    - SLA 위반의 원인은 무엇인가?
- 가설 기반 필터 설계
    - 지역별 매출 패턴이 다를 것입니다.
    - 신규 고객이 기존 고객보다 이탈률이 높을 것입니다.
- 숫자를 비교 가능한 구조로 만들기
    - 퍼널, 비율, 추세 중심 구조 설계
- 이상치(Outlier)를 빨리 찾을 수 있도록 구성
    - 조건부 색상
    - 임계값 기반 게이지
- 의사결정 목적에 따라 위계 정렬(Top → Bottom)
    - KPI 위
    - 보조 지표 아래

고급 보고서의 목적은 보기 좋은 그래프가 아니라 "의미 있는 행동(Action)"을 이끌어내는 것입니다.

설정 절차

고급 분석 기능은 다음 순서로 설정하면 가장 안정적입니다.

1 분석 목적 정의

- 리드→기회 전환 분석
- SLA 원인 분석
- 팀별 실적 비교
- 계정·기회 병행 분석

2 적절한 보고 형식 선택

- 멀티 오브젝트 → Joined Report
- 계산 기반 분석 → Row-Level Formula
- 사용자 조건 선택 필요 → Dashboard Filter

3 보고서 구성

- 필드 선정
- 필터 구성
- Grouping 기준 설정
- Block 설계(Joined Report일 경우)
- Row-Level Formula 작성

4 대시보드 구성

- 컴포넌트 배치
- KPI Tile 상단 배치
- 필터 추가
- 데이터 갱신 방식 설정

5 테스트 및 검증

- 데이터 누락 여부
- 필터·수식 정상 작동 여부
- 사용자에 따른 '다른 데이터 보기' 권한 검증

6 운영 적용

- 팀별 교육
- 대시보드 사용자별 Access 설정
- 월간 KPI 리뷰와 연동

요약

· 고급 보고서 기능은 Joined Report, Row-Level Formula, Dashboard Filter 3가지가 핵심입니다.
· Joined Report는 멀티 오브젝트 분석, Row-Level Formula는 계산 기반 분석을 가능하게 합니다.
· Dashboard Filter는 하나의 대시보드로 여러 사용자 요구를 충족시킵니다.
· 고급 분석의 목적은 시각화가 아니라 인사이트 기반 의사결정입니다.

실무 적용 패턴

패턴 1 리드 → 기회 → 매출 퍼널 분석

- Joined Report로 리드·기회 병렬 구성
- Row-Level Formula로 단계별 전환율 계산
- Dashboard Filter로 지역/기간 선택

패턴 2 SLA 위반 원인 분석 대시보드

- 케이스 상태별 Block 구성
- Escalation 흐름 분석
- Row-Level Formula로 처리시간 계산

패턴 3 팀별 성과 비교

- Joined Report로 여러 팀 데이터를 병렬 비교
- KPI Tile로 목표 대비 실적 노출

패턴 4 영업 Forecast 분석

- 파이프라인 금액·예상 매출·Closed Won 비교
- Row-Level Formula로 Forecast 정확도 계산

패턴 5 고객 세그먼트 기반 분석

- Segment별 Block 구성
- Segment 기반 필터 적용

운영 및 관리 관점의 팁

- Joined Report는 강력하지만 너무 복잡하게 만들면 사용자 혼란이 증가합니다.
- Row-Level Formula는 계산 필드를 남발하지 않도록 도와주지만, 로직 과다 시 성능 저하가 발생할 수 있습니다.
- Dashboard Filter는 필터 기준이 너무 많으면 목적이 흐려지므로 3~5개 이내가 적당합니다.
- 보고서 폴더 권한 설정은 보고서 품질만큼 중요합니다.

- 정기적으로 사용하지 않는 보고서를 삭제해 관리 복잡도를 줄여야 합니다.

고급 보고서와 대시보드는 숫자를 예쁘게 보여주는 도구가 아니라 의사결정 품질을 개선하는 전략적 도구라는 점을 잊지 말아야 합니다.

실패 사례 / 주의사항

- Joined Report를 과도하게 사용해 성능 저하 발생
- Block 간 필터 기준이 달라 분석이 왜곡
- Row-Level Formula 오류로 잘못된 KPI 계산
- 필터 기준이 일관되지 않아 분석 결과 불신
- 대시보드가 너무 화려해 중요한 KPI가 묻힘
- 보고서 수가 너무 많아 사용자가 적절한 보고서를 찾지 못함

고급 기능은 그 자체가 리스크가 아니라 잘못된 설계가 리스크입니다.

실무 사례

[사례]	글로벌 SaaS 기업의 통합 KPI 대시보드 구축
문제상황	· 리드·기회·매출 지표가 서로 다른 보고서로 분리 · 경영진은 전체 Funnel을 한 화면으로 보고 싶어함 · 수식·전환율·지표 계산이 복잡
해결과정	· 리드·기회 데이터를 Joined Report로 통합 · Row-Level Formula로 전환율 계산 · Dashboard Filter로 지역·기간 선택 기능 추가
결과	· 분석 시간 70% 감소 · KPI 해석 품질 향상 · 데이터 기반 의사결정 강화

1. Joined Report로 "리드-기회 병합 분석" 보고서를 설계하시오.

2. Row-Level Formula로 "기회 처리일수(DAYS)"를 계산하는 수식을 작성하시오.

Quiz

1. Joined Report의 핵심 기능은?
   A. 여러 오브젝트를 하나의 Block에 통합
   B. 여러 Block을 병렬 구성
   C. 화면 디자인 변경

2. Row-Level Formula는 무엇을 위한 기능인가?
   A. 필드 생성   B. 행 단위 계산   C. 데이터 삭제

3. Dashboard Filter의 장점은?
   A. 보고서 수 증가   B. 한 대시보드에서 다양한 조건으로 분석 가능   C. 오브젝트 생성

정답) 1. B / 2. B / 3. B

PART 4
Admin 고급 운영

엔터프라이즈급 운영 체계를 설계·구축할 수 있습니다.

1장
Admin 아키텍처 사고 확립

Salesforce Admin이 초급·중급 단계를 지나 고급 단계로 성장하면 기술 그 자체보다 "설계 사고(Architecture Thinking)"가 훨씬 중요해집니다. 단순히 오브젝트를 만들고, 필드를 추가하고, Flow를 만드는 능력은 초급·중급 Admin도 충분히 수행할 수 있습니다.

그러나 실무와 프로젝트에서는 다음과 같은 새로운 문제가 등장합니다.

- 요구사항은 계속 늘어나는데 기존 데이터 모델은 더 이상 확장이 어려움
- 자동화가 많아질수록 성능 저하와 충돌이 증가
- 조직 규모가 커져 Role·Sharing·Record Type 구조가 복잡해짐
- 새 기능을 추가할 때 기존 구조 전체의 영향도를 예측하기 어려움
- 프로젝트마다 Admin·개발자·컨설턴트·아키텍트 간 의견 충돌 발생
- 기능 하나 추가하는 것이 아니라 시스템 전체의 안정성을 고려해야 함

이 시점부터 Salesforce Admin의 역할은 "설정(Configuration)"을 하는 사람에서 "설계(Design)"를 하는 사람으로 변화해야 합니다. 즉, Admin에게 필요한 것은 단순한 기능 지식이 아니라 아키텍처 수준의 사고(Architecture Thinking)입니다.

개요

본 Chapter에서는 고급 Admin이 반드시 갖춰야 할 설계 사고를 다음 네 가지 관점에서 정리합니다.

1. 요구사항 기반 데이터 모델링

이 네 가지는 단순한 기술 항목이 아니라 Salesforce 전체를 바라보는 관점이며, 이 관점을 갖추는 것이 고급 Admin의 핵심 자질입니다.

핵심 개념 정리

■ 요구사항 기반 데이터 모델링

데이터 모델링은 "오브젝트 몇 개 만들기"가 아니라 조직의 정보 구조를 설계하는 작업입니다.

고급 Admin이 가져야 할 관점은 다음과 같다.

1) 비즈니스 흐름을 데이터 구조로 해석하는 능력

- 고객 → 영업 → 계약 → 매출 → 지원까지의 End-to-End 흐름
- 어떤 엔터티(entity)가 존재하는지
- 어떤 관계(relation)가 필요한지
- 독립/종속 관계가 무엇인지

2) 기술적 선택의 영향도 이해

- Lookup vs Master-Detail
- Junction Object 필요 여부
- Roll-Up Summary 구조 영향
- 보고서 유형과 관계 구조의 상관관계

3) 확장성을 고려한 설계

- 지금 필요한 것뿐 아니라 향후 필요한 가능성까지 포함
- 기능 추가 시 모델 손상이 없도록 설계

고급 Admin은 단순한 '오브젝트 설계자'가 아니라 전체 시스템의 데이터 아키텍트를 보조하는 역할을 수행합니다.

☑ 요구사항 기반 프로세스 설계

Flow 및 자동화 설계는 단순히 조건을 넣고 실행시키는 것이 아니다. 고급 Admin은
다음 관점으로 접근해야 합니다.

1) "비즈니스 요구"를 정확히 기술 요구로 변환

- 사용자가 말하는 요구는 종종 불완전
- 실제 필요 기능은 맥락을 파악해야 정의 가능

2) 중복/충돌 없는 프로세스 구조

- Record-Triggered Flow는 Object당 최소 개수 유지
- 공통 로직은 Subflow로 모듈화
- Assignment Rule/Case Routing/Workflow 기존 구성과 충돌 없도록 설계

3) 운영 비용 최소화

- 복잡한 자동화는 유지보수 비용 증가
- 운영자가 쉽게 이해할 수 있는 구조를 목표로 설계

프로세스 설계는 기술보다 해석 능력이 더 중요한 영역입니다.

☑ 요구사항 기반 보안 설계

보안 설계는 단순히 Profile/Permission 세팅이 아니라 조직 구조·협업 방식·개인정보
보호 기준까지 고려해 설계해야 합니다.

1) 데이터 공개 범위 기준 마련

- 최소 권한 원칙 적용
- OWD 기본 구조 정의(Public vs Private)
- Role 기반 상하 구조 설계

2) Record Type·Page Layout·FLS 설계를 통한 정보 분리

- 팀별/프로세스별 구분
- 필드 접근 제어

- 민감 정보 노출 최소화

3) API·외부 시스템 연동 보안 고려

- Integration User(Permission 최소) 설계
- IP 제한
- OAuth 정책

보안 설계의 핵심은 조직이 안전하게 성장할 수 있는 구조를 만드는 것입니다.

4 엔터프라이즈 설계 패턴

고급 Admin은 enterprise-level 확장성을 고려한 설계 패턴을 이해해야 합니다.
대표적인 Salesforce 엔터프라이즈 패턴은 다음과 같습니다.

1) 데이터 중심 패턴

- Junction Object 기반 확장
- Parent/Child 모델 안정화
- Custom Metadata 기반 설정값 관리

2) 자동화 패턴

- Record-Triggered Flow 최소화
- Subflow 중심 재사용 구조
- Transaction Scope 관리
- 대량 데이터 처리 시 Governor Limit 고려

3) 보안 패턴

- 최소 Profile로 시작, Permission Set로 권한 확장
- Public Group 기반 Sharing Rule
- Role 계층 구조 간결화

4) 운영 패턴

- Sandbox 전략(Developer → Partial → Full)

- Change Set/DevOps 형태의 배포 패턴
- 대시보드·보고서 폴더 레벨 관리

이 패턴들은 기술적 선택을 단순히 "기능 중심"이 아니라 "조직 성장 기반"으로 정렬하는 데 매우 중요한 기준이 됩니다.

설정 절차

아키텍처 사고 기반 설계는 다음 6단계가 가장 이상적입니다.

1 요구사항 수집

- 사용자 인터뷰
- 프로세스 매핑
- 시스템 제약 조건 분석

2 As-Is 구조 분석

- 현재 데이터 모델
- 현재 자동화 구조
- 현재 보안 구조
- 기술 부채(Technical Debt) 파악

3 To-Be 설계

- 데이터 모델 재정의
- 프로세스 재구성
- 보안 모델 최적화
- 확장 가능한 구조 설계

4 영향도 분석

- 기존 보고서
- 기존 Flow
- 기존 권한 구조
- 통합 시스템 영향

5 구현 단계 설계

- 기능 단위 개발/설정
- 단계별 배포 전략 마련
- 사용자 테스트 계획

6 운영 설계

- 관리자 매뉴얼
- 장애 대응 기준
- 정기 리뷰 기준
- 거버넌스 체계 구축

요약

· 고급 Admin에게 가장 중요한 능력은 기술이 아니라 '설계 사고(아키텍처 사고)'입니다.
· 요구사항 기반 데이터 모델링·프로세스 설계·보안 설계는 아키텍처 사고의 3대 축입니다.
· 엔터프라이즈 설계 패턴을 사용하면 복잡한 요구를 구조적으로 해결할 수 있습니다.
· 아키텍처 사고는 Salesforce가 장기적으로 안정적으로 성장하는 기반이 됩니다.

실무 적용 패턴

패턴 1 프로세스 다중화 기업의 데이터 모델링 정비

- 다양한 제품군
- 다양한 영업 방식 → Record Type + Data Model 최적화

패턴 2 Flow 과다 조직의 자동화 통합

- Flow 20개 → 6개 Subflow 기반 구조
- 한눈에 관리 가능한 아키텍처 생성

패턴 3 보안 구조 재정비

- Profile 30개 → 6개로 축소
- Permission Set 기반 확장
- Role 구조 재설계

패턴 4 글로벌 조직의 데이터 구조 통합

- 국가별 구조 통일
- Custom Metadata 기반 다국가 설정 관리

패턴 5 운영 거버넌스 체계 확립

- Sandbox 개발 프로세스
- 정기 배포 Cycle
- 운영 승인 거버넌스 구축

운영 및 관리 관점의 팁

- Admin은 기능 구현자가 아니라 '구조 설계자'라는 관점을 가져야 합니다.
- 기능을 추가하기 전에 항상 '이 구조가 1년 후에도 유지 가능한가?'를 점검하세요.
- 데이터 모델/자동화/보안은 서로 독립이 아니라 긴밀하게 연결되어 있습니다.
- 구조가 복잡해질수록 문서화와 다이어그램이 필수입니다.
- 기존 자동화·보안·구조는 반드시 정기적으로 점검하고 개선하세요.
- 아키텍처 사고는 기술적 깊이보다 '전체를 보는 눈'을 키우는 과정입니다.

- 단기 요구만 충족하고 장기 확장성 고려 부족
- Flow가 무질서하게 생성되어 운영 불가능
- Role/Sharing 구조 복잡해져 문제 추적 어려움
- 데이터 모델 설계 없이 새로운 Object/필드를 무작정 생성
- 개발자/컨설턴트/운영자 간 구조적 기준 부재
- 문서화 없이 운영해 인수인계 불가능

아키텍처 사고 부재는 CRM이 커질수록 "기술 부채(Technical Debt)"가 기하급수적으로 증가하게 만듭니다.

[사례]	글로벌 전자기업의 Salesforce 재설계 프로젝트
문제상황	· 국가별 다른 구조로 인해 보고·자동화·권한이 모두 혼재 · Flow 충돌로 장애 발생 · 데이터 모델 확장성 부족
해결과정	· 국가별 Record Type 통합 · Flow 구조 Subflow 기반으로 재구성 · 데이터 모델과 Role 구조를 글로벌 기준으로 통일 · Custom Metadata로 국가 설정값 관리
결과	· 시스템 안정성 강화 · 운영 복잡도 대폭 감소 · 글로벌 보고/자동화 품질 향상

1. "요구사항 기반 데이터 모델링" 절차를 기반으로 귀사의 영업 프로세스를 데이터 모델로 재설계해 보시오.

2. 현재 운영 중인 Flow를 3개의 Subflow 구조로 재구성하는 아키텍처를 설계하시오.

Quiz

1. Admin의 고급 단계에서 가장 중요한 능력은?

  A. Flow 기능 숙련도   B. 페이지 레이아웃 구성 능력   C. 아키텍처 기반 설계 사고

2. 엔터프라이즈 패턴이 필요한 이유는?

  A. 기능을 많이 만들기 위해   B. 조직 전체 확장성 및 일관성 확보   C. UI를 꾸미기 위해

3. 요구사항 기반 데이터 모델링의 핵심은?

  A.필드를 많이 만드는 것
  B. 비즈니스 흐름 전체를 데이터 구조로 해석하는 것
  C. 화면 디자인 개선

정답) 1. C / 2. B / 3. B

2장
고급 보안 모델

조직이 Salesforce를 장기간 사용하거나, 규모가 커질수록 보안 요구는 급격하게 높아진다. 초기에는 단순히 "데이터를 누가 볼 수 있는가?" 정도만 관리하면 충분하지만, 조직이 확장되면 다음과 같은 고급 보안 문제가 등장합니다.

- 국가·지사·사업부별로 데이터 접근 권한이 완전히 달라야 함
- 수백 명의 영업·CS 인원이 서로 다른 데이터만 보아야 함
- 계약·매출·상담 기록 등 민감 데이터에 대한 감사를 강화해야 함
- API와 외부 시스템 연동이 증가하면서 보안 취약점 노출
- 내부 통제·감사(Audit) 기준이 강화되어 모든 변경 기록이 필요
- 기존 보안 구조(Profile/Role/Sharing Rule)만으로는 한계가 발생

이때 필요한 것이 바로 Salesforce의 고급 보안 기능들입니다.

- Enterprise Territory Management(엔터프라이즈 테리토리 관리)
- Permission Set Group(사용자 권한 세트 그룹)
- Event Monitoring(이벤트 모니터링, Shield 포함)
- Field Audit Trail(필드 감사 추적)

이 기능들은 "확장 가능한 보안 구조"를 설계하기 위한 핵심 요소이며, 고급 Admin은 단순한 권한 관리가 아니라 조직 전체 보안 체계를 설계하는 수준으로 성장해야 합니다.

개요

본 Chapter에서는 Salesforce 고급 보안 모델을 구성하는 네 가지 핵심 요소를 설명합니다.

1. Enterprise Territory Management(엔터프라이즈 테리토리 관리)
2. Permission Set Group(사용자 권한 세트 그룹)
3. Event Monitoring(이벤트 모니터링, Shield 포함)
4. Field Audit Trail(필드 감사 추적)

이 기능들은 서로 다른 목적을 가지고 있지만, 조합하면 매우 강력한 보안·감사·접근 제어 체계를 구축할 수 있습니다.

핵심 개념 정리

1 Enterprise Territory Management(엔터프라이즈 테리토리 관리)

Enterprise Territory Management(ETM)는 영업 조직을 '영업 지역(Territory)' 단위로 관리하고 접근 권한을 지역 기반으로 설정하는 고급 보안 및 운영 모델입니다.

ETM의 필요성

- 국가/지역/산업군/파트너 등 다양한 기준으로 영업팀을 분리
- Role Hierarchy로는 표현하기 어려운 복잡한 조직 구조 지원
- 한 명의 영업사원이 여러 지역을 담당하는 경우도 자연스럽게 구성
- Territory별 예측(Forecast) 분석까지 지원

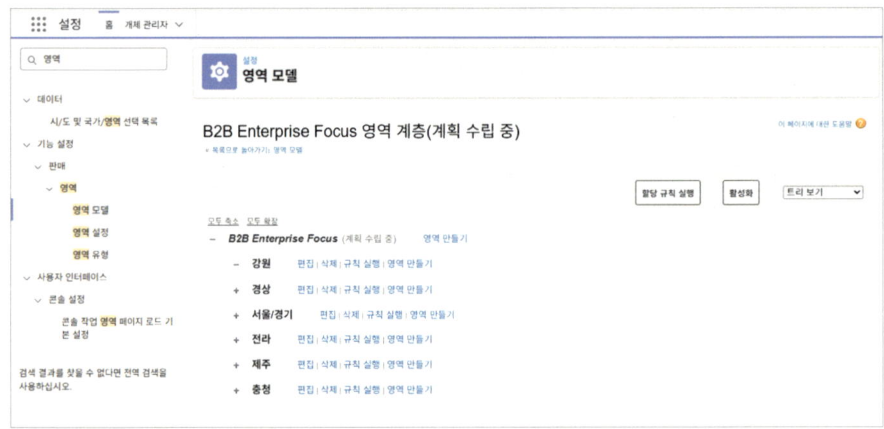

동작 원리

- Territory Model 생성
- Territory 계층 구조 구성
- Assignment Rule 기반으로 계정(Account)을 Territory에 자동 배정
- Territory 멤버(User)에게만 해당 Territory Account에 접근 허용

즉, ETM은 '지역 기반 보안 + 지역 기반 운영 모델'을 동시에 제공하는 엔터프라이즈 기능입니다.

2 Permission Set Group(사용자 권한 세트 그룹)

Permission Set(Group)은 여러 Permission Set(사용자 권한 세트)을 묶어 역할(Role)이나 Profile을 변경하지 않고도 권한을 확장·통합할 수 있는 기능입니다.

Permission Set Group의 필요성

- Profile 개수를 최소화하고 관리 복잡도를 낮춤
- 역할이 아닌 "기능 단위"로 권한을 설정할 수 있음
- 프로젝트/팀별로 권한 요구가 자주 변할 때 유연하게 적용 가능

원리

- Permission Set 여러 개를 Group으로 묶음
- Group 단위로 사용자에게 할당
- 기존보다 권한 관리가 훨씬 간결해짐

Permission Set Group은 고급 보안 모델의 핵심 구성 요소이며 특히 대규모 조직에서 효과가 극대화됩니다.

❸ Event Monitoring(이벤트 모니터링, Shield 포함)

Event Monitoring은 Salesforce 내부에서 발생하는 로그인/데이터 조회/보고서 조회/ 레코드 내보내기 등 모든 활동을 추적하고 감사할 수 있는 기능입니다.

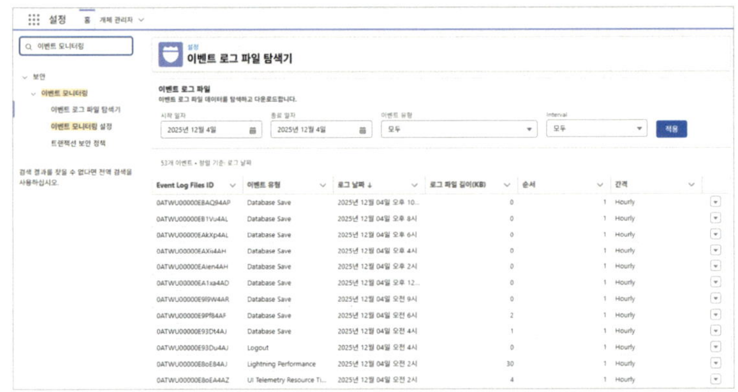

Event Monitoring의 필요성

- 중요한 데이터를 누가 다운로드했는지 추적
- 민감 필드 조회 이력 감시
- 이상 활동(예: 대량 다운로드, 비정상 로그인) 감지
- 내부감사·보안팀 대응

Salesforce Shield를 사용할 경우 Event Monitoring 데이터가 더욱 상세·장기간 저장 가 능해지고 보안 모니터링 수준이 한층 강화됩니다.

4️⃣ Field Audit Trail(필드 감사 추적)

Field Audit Trail은 중요 필드의 변경 이력을 정책적으로, 장기간, 규칙 기반으로 관리하는 기능입니다.

기본 Field History Tracking은 최대 20개 필드·18개월 저장 제한이 있습니다.

그러나 Field Audit Trail은:

- 최대 60개 필드
- 최대 10년 보관
- 컴플라이언스/내부감사 목적에 최적화
- 변경 이력 보존 정책 설정 가능

즉, 고도화된 감사 체계가 필요한 기업에 반드시 필요한 기능입니다.

설정 절차

고급 보안 모델 구축은 아래 절차로 수행하는 것이 가장 안정적입니다.

1 보안 정책 수립

- 데이터 공개 범위 정의
- 민감 정보 보호 기준
- 회사의 내부감사/보안 정책 기준 확인

2 Territory Model 설계 (필요한 경우)

- 지역·산업군·파트너 기반 구분
- Territory 계층 구조 수립
- Account Assignment Rule 작성
- Forecast 연동 설계

3 권한 구조 정규화

- Profile 최소화
- Permission Set 기능 단위 분해
- Permission Set Group 단위 구성

4 Event Monitoring 설정

- 추적 대상 이벤트 정의
- Audit 목적별 대시보드 구성
- 이상 탐지 기준 설정

5 Field Audit Trail 설계

- 감사 대상 필드 선정
- 보관 기간 설정
- 추적 정책 문서화

6 테스트

- 사용자별 접근 권한 검증

- Territory 접근 제한 테스트
- Audit Log 기록 여부 검증

7 운영 체계 정착

- 보안팀·내부감사팀 협의
- 월간 보안 점검
- 권한 변경 승인 프로세스 도입

요약

· 고급 보안 모델은 Territory, Permission Set Group, Event Monitoring, Field Audit Trail 네 가지 축으로 구성됩니다.
· Territory Model은 지역·조직 기반 보안 모델을 제공합니다.
· Permission Set Group은 권한을 유연하고 강력하게 관리할 수 있도록 합니다.
· Event Monitoring과 Field Audit Trail은 보안 감사 체계의 핵심 기반입니다.

실무 적용 패턴

패턴 1 글로벌 영업 조직의 Territory 기반 보안 운영
- 국가/지역별 Territory 분리
- Account 자동 배정
- Forecast 보고 자동 구성

패턴 2 Profile 최소화 + Permission Set Group 기반 구조
- Profile 25개 → 6개로 축소
- 기능 단위 권한(Permission Set)을 그룹화
- 신규 사용자 온보딩 속도 3배 향상

패턴 3 Event Monitoring 기반 보안 감사
- 보고서 대량 다운로드 감지
- 비정상 로그인 패턴 탐지
- 보안팀 경고 시스템 구축

패턴 4 Field Audit Trail 기반 장기 이력 보관
- 금융/의료 등 규제 산업
- 고객 데이터 변경 기록 10년 보관
- 내부감사 대응 자동화

패턴 5 외부 시스템 연동 보안 강화
- Integration User 최소 권한 설정
- OAuth 정책 + IP 제한
- Event Monitoring으로 API 활동 모니터링

운영 및 관리 관점의 팁

- Profile 수를 최소화하고 Permission Set Group 중심으로 운영하세요.
- Role Hierarchy 대신 Territory Model이 적합한지 항상 검토하세요.
- 민감 데이터 접근 자체를 기록할 수 있는 Event Monitoring을 반드시 활성화하

세요.

- 중요 필드의 변경 이력은 Field Audit Trail을 사용해 장기간 보관하세요.
- 보안 설계 역시 '아키텍처 설계'이며, 기능 추가보다 유지 관리가 더 중요합니다.
- 보안팀·내부감사팀과의 협업은 필수입니다.

고급 보안 모델은 단순한 관리가 아니라 조직의 리스크를 근본적으로 줄이는 전략적 활동입니다.

실패 사례 / 주의사항

- Profile을 과도하게 생성하여 관리 불가
- Role Hierarchy를 과도하게 깊게 설계해 혼란 증가
- Territory Model 설계 없이 지역별 요구를 Profile로 억지 해결
- Event Monitoring 미구축으로 보안 사고 추적 불가
- Field History Tracking만 사용해 감사 기준을 충족하지 못함
- 권한 구조 변경이 문서화되지 않아 인수인계 실패

보안은 "사고가 나기 전에는 잘 돌아가는 것처럼 보이지만, 사고가 난 뒤에는 모든 것이 드러나는 영역"이라는 점을 항상 기억해야 합니다.

실무 사례

[사례]	대기업 글로벌 영업 조직의 보안 재정비
문제상황	· 국가별 영업 데이터가 혼재 · Role 구조 복잡 · 보고서 다운로드 보안 취약 · 감사 요구 충족 불가
해결과정	· Territory 기반 보안 재설계 · Profile 축소·Permission Set Group 기반 운영 · Event Monitoring 기반 보안 관제 구축 · Field Audit Trail로 장기 이력 저장
결과	· 감사 대응 가능 · 보안 취약점 60% 감소 · 영업 데이터 접근 체계 개선

1. Territory Model을 기반으로 국가·산업군 기준 계정 배정 구조를 설계하시오.

2. "민감 정보 필드"를 Field Audit Trail로 장기 보관하도록 정책을 설정해보시오.

Quiz

1. Territory Management의 핵심 기능은?

A. 팀 단위 대시보드 생성   B. 지역 기반 데이터 접근 제어   C. Flow 속도 개선

2. Permission Set Group의 목적은?

A. 여러 권한 세트를 하나로 묶어 관리   B. 보고서 템플릿 생성   C. API 성능 향상

3. Field Audit Trail의 장점은?

A. 레코드 삭제 자동화   B. 필드 이력 장기 보관   C. 레코드 병합 자동화

정답) 1. B / 2. A / 3. B

9장
고급 자동화 전략

조직이 Salesforce를 본격적으로 사용하며 자동화를 확장하면 처음에는 "작동만 하면 되는" 자동화가 시간이 지날수록 다음과 같은 문제로 변질됩니다.

- Record-Triggered Flow가 여러 개라 서로 충돌함
- Flow 실행 순서가 엉켜 예상치 못한 데이터 변경 발생
- Loop·대량 처리 로직 때문에 Governor Limit 초과
- Screen Flow가 과도하게 길어 사용자 만족도가 하락
- 특정 자동화가 속도 지연을 일으켜 저장 처리 시간이 늘어남
- 기존 Workflow Rule/Process Builder 혼재로 운영 난이도 상승

결론적으로 자동화는 기술 부채의 가장 빠른 지름길이 되며, 설계 없이 누적되면 "작동은 하지만 아무도 건드릴 수 없는 구조"가 됩니다.

고급 단계의 Admin은 기능을 잘 다루는 것을 넘어 안정성·확장성·성능·거버넌스를 고려한 자동화 전략을 가져야 합니다.

개요

본 Chapter에서 다루는 고급 자동화 전략의 핵심은 다음 네 가지입니다.

1. Flow Orchestration(플로 오케스트레이션)
2. 대규모 Flow(플로) 구조 설계 원칙
3. Governor Limit(거버넌스 제한) 고려
4. Apex 없이 구현 가능한 자동화 범위

이 네 가지는 Salesforce 자동화 수준을 "중급 기능 구현"에서 "엔터프라이즈 자동화 설계"로 끌어올리는 핵심 개념입니다.

핵심 개념 정리

1 Flow Orchestration(플로 오케스트레이션)

Flow Orchestration은 여러 Flow를 "시간·순서·조건 기반으로 연결해 하나의 프로세스로 실행"하는 기능입니다.

왜 필요한가?

- 하나의 Flow로 구현하기 어렵거나 비효율적인 복잡한 프로세스
- 단계별 승인·검증·알림·분기와 같은 시나리오
- 여러 팀이 참여하는 장기 프로세스(예: 계약 승인, 가입 절차)
- Flow 간 순서를 명확하게 제어하고 싶을 때

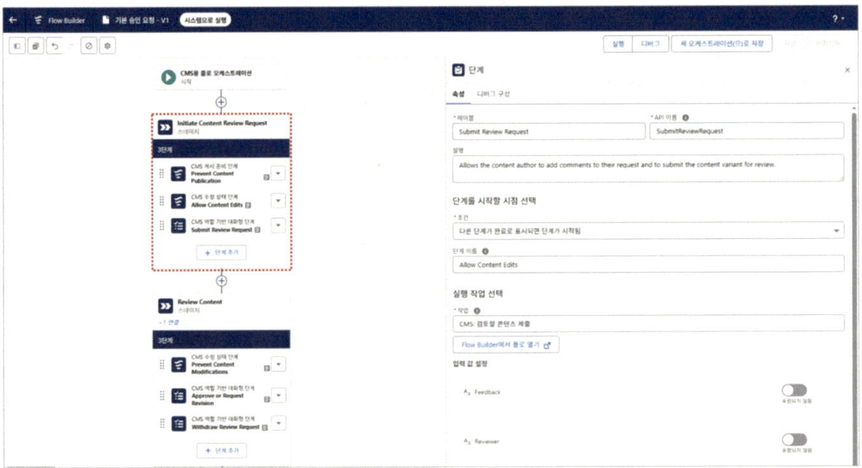

동작 원리

- Orchestration → Stage → Step 구조
- Step은 각 Flow나 Subflow를 호출
- Screen Flow도 포함 가능
- 진행 상태 추적 기능 제공
- Approval(승인) 처리 포함 가능

Flow Orchestration은 "업무 전체 자동화를 하나의 흐름으로 통합하는" 고급 자동화 플랫폼입니다.

❷ 대규모 Flow(플로) 구조 설계 원칙

단순 Flow는 쉽게 만들 수 있지만 대규모 Flow는 아키텍처적인 원칙이 필수입니다.

1) 오브젝트당 Record-Triggered Flow 최소화

- 한 오브젝트당 가능한 1~2개로 제한
- 플로간 충돌 방지
- 자동화 순서 제어 명확화

2) Subflow 기반의 모듈화

- 공통 로직은 반드시 Subflow로 분리
- 반복되는 부분 제거
- 테스트 용이성 확보

3) Screen Flow는 짧고 직관적으로

- 단계별 분리
- 각 단계는 1~3개 입력만
- 필요 시 여러 Screen Flow를 Orchestration으로 결합

4) Loop 최소화 및 Bulk-safe 설계

- 반복 작업은 Apex 도입 시점 검토
- Loop 내 DML 금지
- 대량 처리 시 Fault Path 필수

5) Fault Path + Logging 필수 적용

- 에러 발생 시 Slack/Email 알림
- Subflow 에러를 빠르게 찾을 수 있도록 설계

대규모 Flow 설계는 필요 기능을 넣는 것보다 제거하는 것이 더 중요한 작업입니다.

Flow도 Apex와 동일하게 Salesforce 플랫폼의 Governor Limit 규칙을 따릅니다.

주요 제한 요소

- DML(Insert/Update/Delete) 사용 횟수
- SOQL 쿼리 횟수
- CPU Time
- 호출된 Subflow 수
- Loop 내부 처리량

위반이 발생하면?

- Flow 실패
- 데이터 롤백
- 사용자 저장 오류 발생
- 운영 불안정

따라서 고급 Admin은 다음을 고려해야 합니다.

- Loop 내 SOQL/DML 금지
- Bulk 처리 전용 로직 분리
- After Save Flow 최소화
- Fault 처리 필수

Governor Limit을 고려치 않은 자동화는 시스템 장애를 유발하는 직접적 원인이 됩니다.

❹ Apex 없이 구현 가능한 자동화 범위

Flow는 거의 모든 자동화를 대체할 수 있지만, 현실적으로 Apex 개발이 필요한 상황도 존재합니다.

Flow로 가능한 영역

- CRUD 기반 업데이트
- 화면 기반 입력(Screen Flow)

- 다중 조건 분기
- 간단한 Loop
- 파생 계산 로직
- API 호출(Invocable Action 기반)
- Approval과 Orchestration

Apex가 필요한 영역
- 매우 복잡한 반복 처리
- 대량 데이터 처리 대량 업로드(1000건 단위 이상)
- 외부 API 연동의 복잡한 인증 로직
- 고급 문자열 처리
- Trigger 단위의 억제/Override 로직
- 고속 성능이 필요한 규칙 엔진

고급 Admin은 "Apex 없이 어디까지 가능한가?"를 이해하고, 필요 시 개발팀과 협업해 가장 합리적인 솔루션을 선택해야 합니다.

설정 절차

고급 자동화 전략을 효과적으로 구성하기 위해서는 다음 단계로 진행하는 것이 가장 이상적입니다.

1 자동화 요구 분석
- 목적 정의
- 대상 오브젝트 선정
- 프로세스 이해

2 기술 부채 진단
- Workflow Rule 사용 여부
- Process Builder 잔존 여부
- Flow 충돌 여부
- Loop 기반 문제 기록

③ Flow 구조 재설계

- Object당 Flow 개수 최소화
- Subflow 정리
- Orchestration 도입 여부 결정

④ Governor Limit 기준 적용

- Loop 정리
- SOQL/DML 위치 점검
- 처리량 기반 테스트 계획

⑤ 예외 처리 설계

- Fault Path
- Error Logging
- 알림 시스템 구성

⑥ 테스트

- 단일 레코드 테스트
- 대량 레코드(Bulk) 테스트
- 조건별 분기 테스트

⑦ 운영 구조 설계

- 변경 관리
- 배포 전략
- 관리 문서화
- 장애 대응 기준

요약

- 고급 자동화 전략의 핵심은 Orchestration, Subflow 중심 설계, Limit 고려입니다.
- Flow는 강력하지만 Limit 기반 플랫폼이므로 구조적 설계가 필수입니다.
- Apex 없이 구현할 수 있는 범위를 이해하면 개발 비용을 크게 줄일 수 있습니다.
- 자동화는 기능 추가보다 구조 관리가 더 중요합니다.

실무 적용 패턴

패턴 1 Flow 오케스트레이션 기반 승인 프로세스

- 여러 팀이 참여하는 계약 승인 흐름
- 단계별 검증 + 승인
- 진행 상황 추적 가능

패턴 2 Subflow 기반 자동화 단일화

- 공통 계산 로직 → Subflow로 통합
- 각 Record-Triggered Flow가 Subflow 호출
- 유지보수 난이도 대폭 감소

패턴 3 Loop 최소화 + Bulk-safe 설계

- Loop 내 DML 완전 제거
- Collection 변수 우선 사용
- Apex로 이관 기준 문서화

패턴 4 Salesforce Shield Event와 결합한 자동화 안전 장치

- 자동화 실패 이벤트 감지
- 로그 기반 개선
- 운영자의 즉각 대응 가능

패턴 5 Workflow/Process Builder 전면 Decommission

- Flow 중심 통합
- 기술 부채 제거
- 운영 안정성 및 성능 향상

운영 및 관리 관점의 팁

- Flow는 기능보다 구조가 중요합니다.
- Object당 Flow 개수를 줄이는 것이 성능·안정성을 개선하는 가장 빠른 방법입니다.

- Flow Orchestration은 되도록 단순화하여 유지보수 비용을 줄이세요.
- 대량 처리는 Apex 기준을 참고해 Bulk-safe로 설계하세요.
- 기존 Workflow Rule/Process Builder는 반드시 제거해야 합니다.
- 자동화 문서화는 필수이며, 팀 간 공유되어야 합니다.

고급 자동화 전략은 기술이 아니라 "시스템 전체를 안정적으로 유지하는 구조적 접근"
입니다.

실패 사례 / 주의사항

- 너무 많은 Record-Triggered Flow 생성
- Loop 내부에서 DML 반복 → Governor Limit 초과
- Subflow 없이 거대한 단일 Flow 생성
- Orchestration을 지나치게 복잡하게 구성
- Workflow Rule/Process Builder를 남겨두어 충돌 발생
- Error Logging을 구성하지 않아 장애 원인 추적 불가

자동화는 잘못 설계하면 기능이 아니라 리스크가 됩니다.

실무 사례

[사례]	SaaS 기업의 자동화 성능 재설계 프로젝트
문제상황	· Flow 30개 이상 · DML 반복으로 속도 지연 · 충돌로 데이터 오류 다수 발생
해결과정	· Subflow 중심 구조로 재설계 · Record-Triggered Flow 12개 → 4개로 축소 · Orchestration 도입 · Fault Logging 및 Slack 알림 구축
결과	· 오류 80% 감소 · 저장 속도 40% 개선 · 자동화 유지보수 용이성 대폭 향상

1. 귀사의 영업/고객지원 프로세스 중 '여러 팀이 단계별로 참여하는 과정'을 Flow Orchestration으로 설계해보시오.

2. 기존 Flow 중 Loop 내부에서 DML을 사용하는 부분을 찾아 Bulk-safe 구조로 개선하시오.

Quiz

1. Flow Orchestration의 핵심 역할은?
   A. 화면(Layout) 구성   B. 여러 Flow를 순서·단계별로 연결   C. 보고서 생성

2. Governor Limit을 고려하지 않은 Flow는 어떤 문제가 발생할 수 있는가?
   A. 자동화 성능 향상   B. Flow 실패 및 시스템 오류   C. 아무 영향 없음

3. Subflow를 사용하는 목적은?
   A. UI를 변경하기 위해   B. 공통 로직을 재사용하기 위해   C. 데이터 삭제를 위해

정답) 1. B / 2. B / 3. B

4장
배포·릴리즈 관리

Salesforce 운영 규모가 커질수록 "설정 변경은 곧 배포(Deployment)"이며 "기능 추가는 곧 릴리즈(Release)"라는 사실을 강하게 실감하게 됩니다.

초기에는 다음처럼 간단해 보입니다.

- 필드 하나 추가
- Validation Rule 하나 작성
- Flow 하나 수정

하지만 조직 규모가 커지면 다음과 같은 심각한 문제가 발생합니다.

- 설정 변경이 Live 환경에서 오류를 일으켜 장애 발생
- 서로 다른 팀이 같은 오브젝트를 동시에 수정하여 충돌
- 테스트 없이 배포되어 자동화가 잘못 작동
- Flow/Permission/Report 등이 배포 환경마다 달라짐
- 배포 일정이 관리되지 않아 운영팀·고객지원팀이 혼란
- 롤백이 불가능해 장애 복구까지 수시간 소요

결국 Salesforce 운영은 "기능 관리"가 아니라 변경 관리(Change Management) 그 자체로 진화합니다.

고급 Admin에게 필요한 것은 "변경을 누가 언제 어떻게 검증하고 안전하게 배포할 것인가?"를 체계적으로 설계하는 능력입니다.

개요

본 Chapter에서는 안정적인 Salesforce 운영을 위한 4가지 핵심 요소를 설명합니다.

1. Sandbox Strategy(샌드박스 전략)
2. Change Set(체인지 세트) 기반 운영
3. Metadata API(메타데이터 API) 기반 배포
4. Release Calendar(릴리스 캘린더) 설계

이 4가지가 합쳐져 "엔터프라이즈 수준의 배포·릴리스 관리 체계"를 완성합니다.

핵심 개념 정리

1 Sandbox Strategy(샌드박스 전략)

Sandbox는 실제 Production 환경의 구조·데이터를 복제하여 안전하게 개발·테스트할 수 있는 공간입니다.

Sandbox의 종류

- Developer Sandbox: 소규모 개발·테스트
- Developer Pro Sandbox: 더 많은 데이터 포함
- Partial Copy Sandbox: 일부 실제 데이터 포함
- Full Sandbox: 전체 Production 데이터 복제

작업	이름	유형	상태	위치	릴리스 유형	현재 조직 ID	완료일	상세 설명	복사 원본
복제 | 삭제 | 새로 고침 | 로그인 |	Develop	개발자	완료	HyperforceKOR4S	비 미리 보기	00DN0000000WEfK	2022. 10. 6. 오후 5:32	Develop Org	
복제 | 삭제 | 새로 고침 | 로그인 |	PS	부분 복사	완료	HyperforceKOR2S	미리 보기	00D0w0000001lg2	2022. 8. 1. 오전 11:06		

Sandbox 전략이 중요한 이유

- 실수로 인한 장애 위험 제거
- 충분한 테스트 가능
- 개발·운영·QA 팀 간 협업
- 데이터 기반 시나리오 테스트

일반적인 기업의 Sandbox 운영 패턴

- Developer → Integration → QA → UAT → Production 또는
- Dev → Partial → Full → Prod (규모별로 다름)

Sandbox는 "안전한 실험 공간"이 아니라 "엔터프라이즈 변경 관리의 기반 인프라"입니다.

❷ Change Set(체인지 세트) 기반 운영

Change Set은 Salesforce가 제공하는 가장 기본적이며 직관적인 배포 방식입니다.

Change Set 특징	장점	단점
• UI 기반으로 메타데이터 선택 • Sandbox → Production 단방향 배포 • 승인 절차 및 테스트 실행 포함 • Flow 등 주요 설정 배포 지원	• 사용하기 쉽다 • Salesforce 표준 기능이라 안정적 • 개발 지식 없이도 사용 가능	• 대규모 프로젝트에 비효율적 • 다수 항목 선택 시 누락 위험 • 버전 관리 불가

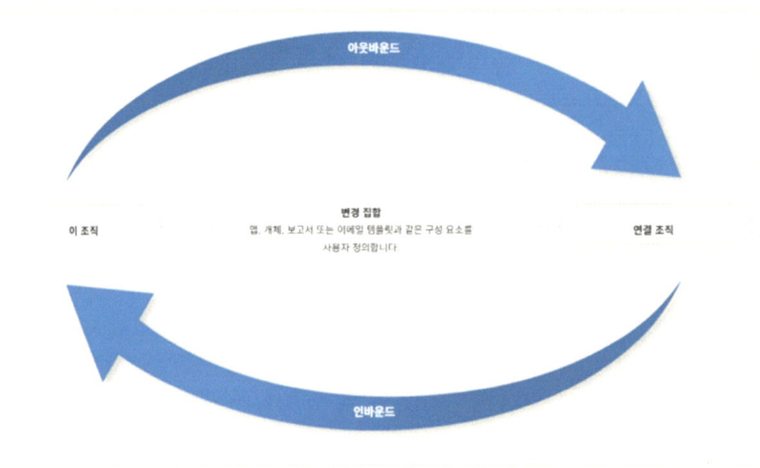

Change Set은 중급까지는 충분한 배포 방식이지만 고급 단계 운영에서는 단독 사용이 어렵습니다.

❸ Metadata API(메타데이터 API) 기반 배포

Metadata API는 Change Set을 넘어 보다 강력한 자동화·버전 관리 기반 배포가 가능하

도록 해주는 방식입니다.

사용 도구

- Salesforce CLI(SFDX)
- Metadata API 직접 호출
- Git 기반 DevOps 도구(GitHub Actions, Bitbucket Pipelines 등)
- CI/CD 플랫폼(Gearset, Copado 등)

Metadata API 기반 배포의 장점

- 버전 관리(Git) 기반
- 비교·차이 분석(Diff) 가능
- 자동화된 테스트 및 릴리즈 파이프라인 구축
- 대규모 프로젝트에 최적화
- 여러 Sandbox로의 멀티 배포 가능

언제 사용하는가?

- 엔터프라이즈 규모
- 조직 내 Salesforce 개발자가 있는 경우
- 기능 릴리즈가 자주 발생하는 경우
- 변경 관리 승인 구조가 강화된 경우

Metadata API 기반 배포는 "Salesforce DevOps"의 핵심 기반입니다.

4 Release Calendar(릴리스 캘린더) 설계

릴리스 캘린더는 "기능 릴리즈 일정·테스트 일정·배포 일정을 한눈에 관리하는 체계"입니다.

왜 필요한가?

- 운영팀·영업팀·CS팀이 변경 일정에 맞춰 업무 조율 가능
- 기능 변경이 사용자 환경에 미치는 영향 최소화
- QA/테스트 준비 기간 확보

- 피크 시즌(EoQ/세일즈 기간) 배포 제한
- 긴급 패치(Emergency Fix) 절차 마련

구성 요소
- 분기별 릴리즈 일정
- Sandbox Refresh 일정
- 테스트 기간
- 주요 기능 내용
- 위험도(Risk Score)
- 승인자 정보

릴리즈 캘린더는 기업의 운영 안정성을 유지하는 "변경 관리의 핵심 거버넌스 도구"입니다.

설정 절차

안정적인 배포·릴리즈 관리를 위해서는 다음 절차가 필요합니다.

1 변경 요청 수집
- Jira/Confluence/Work Management 도구 기반
- 기능 변경/버그 수정/개선 요청 분류

2 영향도 분석
- 연관된 Flow
- 연관된 Validation Rule
- 권한 구조
- 데이터 모델 영향
- 외부 시스템 영향

3 Sandbox 개발
- Developer, DevPro에서 개발
- Partial/Full에서 통합 테스트

4 배포 방식 결정

- Change Set vs Metadata API
- 긴급 패치는 Change Set
- 정규 릴리즈는 Metadata API

5 테스트

- 단위 테스트
- 통합 테스트
- UAT(User Acceptance Test)
- Regression Test

6 릴리스 승인

- 운영팀 승인
- 보안팀 승인(필요 시)
- 프로젝트 매니저 승인

7 Production 배포

- 변경 내용 기록
- 문제 발생 시 롤백 절차 시행

8 릴리스 후 모니터링

- Flow Error Log
- 사용자 피드백
- 성능 영향 점검

요약

· 고급 Admin에게 배포·릴리즈 관리는 필수 역량입니다.
· Sandbox Strategy → Change Set → Metadata API → Release Calendar가 핵심 구성 요소입니다.
· 안정적인 운영은 철저한 테스트·영향도 분석·일정 관리에서 비롯됩니다.
· DevOps 기반 배포는 대규모 조직에서 필수적인 전략입니다.

실무 적용 패턴

패턴 1 Change Set + Full Sandbox 기반 정기 릴리즈

- Full Sandbox에서 QA
- Change Set으로 Production 배포

패턴 2 Metadata API 기반 DevOps 자동 배포

- Git → Salesforce CLI → Production
- 자동 테스트 및 자동 로그 생성

패턴 3 릴리스 캘린더 기반 조직 운영

- 월 1회 정기 릴리즈
- 긴급 패치 별도 프로세스
- 피크 시즌 배포 제한

패턴 4 기능별 Feature Toggle 구조

- Custom Metadata로 기능 활성화/비활성 제어
- 배포 자체보다 운영 안정성에 집중

패턴 5 멀티 Sandbox 기준 협업 구조

- Dev → Integration → QA → UAT → Prod
- 팀별 책임 범위 명확

운영 및 관리 관점의 팁

- Sandbox는 단순 테스트 환경이 아니라 리스크 관리 도구입니다.
- Change Set과 Metadata API의 목적을 명확히 구분해야 합니다.
- 릴리스 캘린더는 PM과 운영팀이 함께 관리해야 합니다.
- 변경 이력 문서화는 필수이며, 향후 장애 원인 분석에 중요합니다.
- 배포는 기술 작업 이상의 조직 조율 작업입니다.
- Production 배포는 항상 '최소 영향'을 목표로 해야 합니다.

**실패 사례 / 주의사항

- Sandbox에서 테스트 없이 Production에 직접 수정
- Change Set에 항목 누락 → 장애 발생
- 배포 일정 없이 팀별로 임의 기능 추가
- Metadata API 기반 배포를 문서화하지 않아 재현 불가
- 릴리즈 기준 없이 "필요할 때 배포" 구조
- QA/UAT 단계 없이 바로 배포

잘못된 배포 구조는 단순 오류가 아니라 조직 전체 운영에 심각한 손실을 가져올 수 있습니다.

실무 사례

[사례]	금융기업의 Salesforce 변경 관리 체계 구축
문제상황	· 실시간 Production 수정으로 장애 다수 · 변경 이력 없음 · 팀별 기능 충돌
해결과정	· Sandbox 4단계 구조 도입 · Metadata API 기반 DevOps 파이프라인 구축 · 릴리즈 캘린더 운영 · 변경 승인 프로세스 확립
결과	· 장애 70% 감소 · 배포 속도 2배 상승 · 운영 조직 만족도 증가

1. 귀사 환경에 적합한 Sandbox 단계 구조를 설계하시오.

2. 정기 릴리즈(월 1회) 기준으로 Release Calendar를 작성해보시오.

Quiz

1. Change Set의 주요 특성은?

  A. Git 기반   B. UI 기반 단방향 배포   C. 외부 시스템 자동 연동

2. Metadata API 기반 배포의 장점은?

  A. 빠른 UI 구성   B. 버전 관리 가능   C. 사용자 교육 필요 없음

3. 릴리스 캘린더의 목적은?

  A. 데이터 삭제   B. 기능 릴리즈 일정 관리   C. 오브젝트 생성

정답) 1. B / 2. B / 3. B

5장
통합

기업이 Salesforce를 단독 시스템으로만 사용하는 경우는 매우 드문 경우입니다. 영업, 고객지원, 재무, ERP, 마케팅 시스템 등 다양한 외부 시스템과 함께 운영됩니다. 따라서 일정 규모 이상의 조직에서는 자연스럽게 다음과 같은 문제를 마주하게 됩니다.

- Salesforce에 고객 정보가 있는데 ERP에는 최신 정보가 없음
- 주문/계약/매출 데이터가 다른 시스템과 동기화되지 않아 보고서 차이가 발생
- 재고 정보, 입금 정보 등이 Salesforce에 없어 영업팀이 즉시 확인할 수 없음
- 외부 서비스(예: 챗봇, 마케팅 오토메이션)과 데이터를 실시간 주고받아야 함
- API 호출 실패나 인증 문제로 데이터 싱크가 불완전
- Integration User 권한 설정이 잘못되어 보안 리스크 증가
- 통합 테스트 미흡으로 실제 운영에서 장애 발생

Salesforce는 기본적으로 API 중심의 플랫폼이며 프로세스 자동화뿐 아니라 외부 시스템과 안정적으로 연동되도록 설계되어 있습니다.

고급 Admin은 통합 기능의 원리와 구조를 이해함으로써 Salesforce가 단독 시스템이 아닌 "기업의 디지털 허브" 역할을 하도록 만들어야 합니다.

개요
본 Chapter에서는 Salesforce 통합의 기초 개념을 다음 네 가지 요소로 구조화하여 정리합니다.

1. REST API(REpresentational State Transfer API) 구조

2. Connected App(연결 앱)과 외부 시스템 연동

3. External Object(외부 오브젝트) & OData(OData)

4. 통합 보안 전략

이는 통합의 "기술적 구성요소"를 이해하는 데 필요한 기반이며 Admin이 개발자·아키텍트와 협업할 때 반드시 필요한 지식입니다.

핵심 개념 정리

⬛ REST API(REpresentational State Transfer API) 구조

REST API는 Salesforce가 외부 시스템과 데이터를 주고받는 가장 일반적인 방식입니다.

REST API 주요 특징

- HTTP 기반(GET, POST, PATCH, DELETE 등)
- JSON 기반 데이터 전달
- CRUD(Create, Read, Update, Delete) 작업 지원
- 인증(OAuth 2.0) 기반
- 표준화된 URL Endpoint 제공

  예)

  - /services/data/vXX.X/sobjects/Account/001xxxxxxx

  - /services/data/vXX.X/query/?q=SELECT+Id,+Name+FROM+Account

REST API는 외부 시스템이 Salesforce 데이터를 직접 읽고 쓸 수 있는 가장 기본적이면서도 강력한 통합 방식입니다.

❷ Connected App(연결 앱)과 외부 시스템 연동

Connected App은 Salesforce와 외부 시스템 간 인증(Authentication)·권한(Authorization)을 설정하는 통합의 핵심 도구입니다.

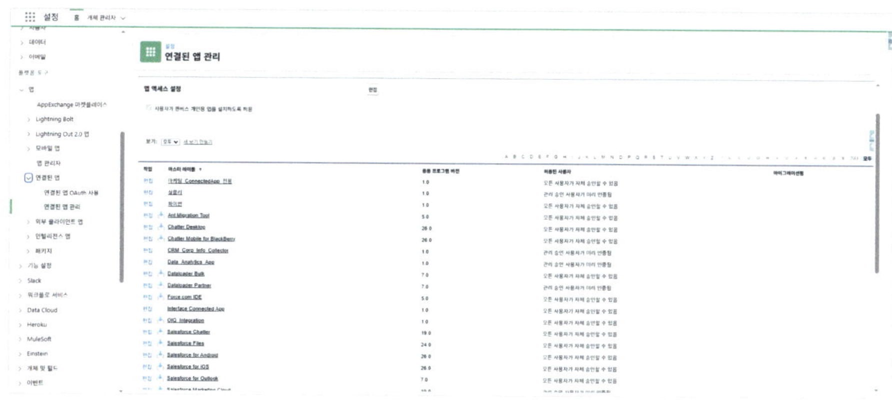

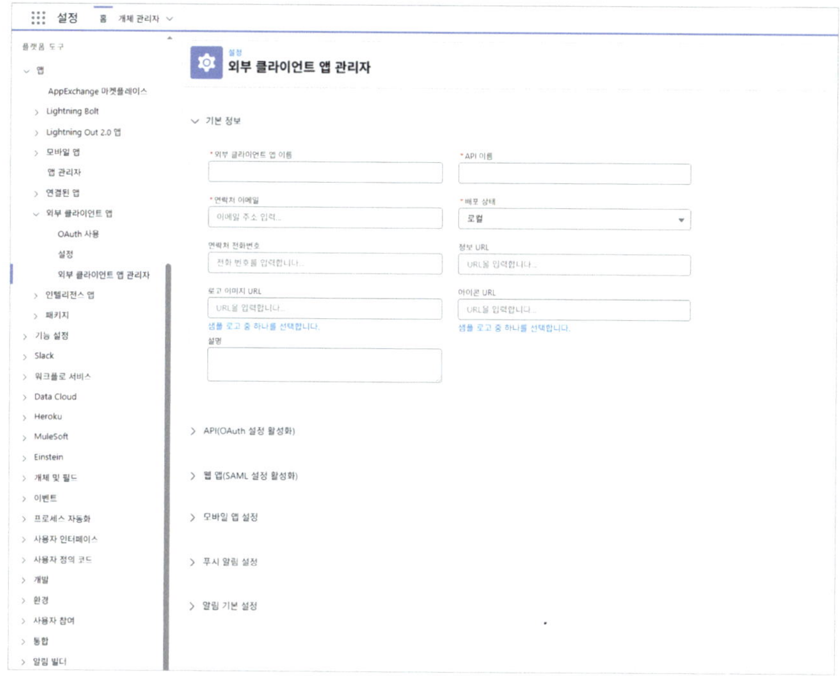

Connected App의 역할

- 외부 시스템이 Salesforce API에 접근하도록 인증
- OAuth 정책 관리
- 토큰 발급/만료 관리
- IP 제한 및 보안 정책 설정

왜 중요한가?

- 올바른 인증 구조 없이는 API 호출 자체가 불가능
- 통합 관리·보안 정책의 중심
- 여러 외부 시스템을 체계적으로 관리 가능

  예)

  - ERP 시스템에서 Salesforce로 고객 데이터 Push
  - 마케팅 시스템이 Salesforce에서 리드 Pull
  - 사내 포털 로그인 시 Salesforce OAuth 기반 인증

Connected App은 말 그대로 "Salesforce와 외부 시스템을 연결하는 앱"입니다.

❸ External Object(외부 오브젝트) & OData(OData)

External Object는 Salesforce 내부에 저장하지 않고 외부 데이터 소스에 실시간 연결하여 데이터를 조회할 수 있는 기능입니다.

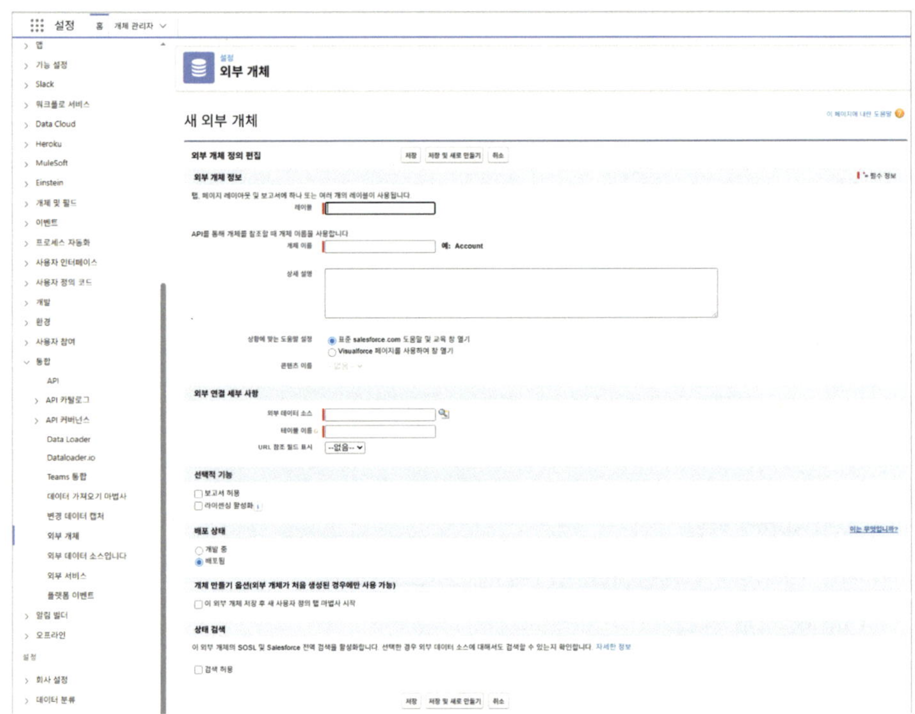

External Object의 특징

- Salesforce 내부 저장 X (즉, 스토리지 비용 없음)
- 외부 시스템의 데이터를 "마치 Salesforce 데이터처럼" 조회
- OData(Open Data Protocol) 기반으로 연결
- Lookup 관계 가능

언제 사용하는가?

- 대량 데이터(수백만~수천만 건)를 Salesforce로 전부 가져올 필요가 없을 때
- ERP의 재고·주문·송장 데이터를 실시간으로 보고 싶을 때
- 분석·참조는 필요하지만 수정은 필요없는 데이터일 때

External Object는 "실시간 조회형 통합"에 특화된 기능입니다.

4 통합 보안 전략

통합은 기능 자체보다 보안이 훨씬 더 중요합니다. 외부 시스템과의 통신이 안전하게 이루어지지 않으면 데이터 유출·권한 오남용·API 공격 등 심각한 사고가 발생할 수 있습니다.

핵심 보안 전략

1) Integration User 별도 생성
- 일반 사용자 계정 사용 금지
- 최소 권한 원칙 적용

2) OAuth 정책 최소화
- Refresh Token 관리
- IP 제한 적용

3) Event Monitoring으로 API 활동 모니터링
- 대량 다운로드 탐지
- 비정상 접근 탐지

4) Named Credential 활용

- 외부 시스템 인증 정보를 Salesforce 내부에서 안전하게 관리

5) API 제한(Governor Limit) 관리

- 대량 처리 시 Bulk API 고려

통합 보안 모델은 기술보다 리스크 관리와 운영 안정성 중심으로 접근해야 합니다.

설정 절차

통합을 제대로 설계하려면 다음 절차를 따르는 것이 가장 안전합니다.

1 통합 요구 분석

- 어떤 시스템과 어떤 데이터를 주고받아야 하는가
- 실시간 vs 배치
- 단방향 vs 양방향

2 데이터 모델·통합 포인트 정의

- 통합 대상 오브젝트 확인
- REST API·Bulk API·OData 중 선택
- Mapping 설계

3 Connected App 구성

- OAuth 2.0 Client 설정
- 콜백 URL 설정
- 보안 정책 정의

4 통합 사용자 구성

- Integration User 생성
- 최소 권한(Profile/Permission Set) 구성
- Session 정책 설정

5 Named Credential 구성

- 외부 시스템 인증 정보 등록
- 엔드포인트(URL) 정의
- Auth Policy 설정

6 개발/테스트

- API 호출 테스트
- 실패 시 Fault 처리 로직 점검
- 데이터 품질 확인

7 운영 적용

- 모니터링 체계 구축
- Event Monitoring 연계
- 주기적 API 사용량 점검

요약

· Salesforce 통합은 REST API·Connected App·External Object·통합 보안 전략이 핵심입니다.
· 통합은 기술보다 인증·보안·운영 절차가 더 중요합니다.
· External Object는 대량 데이터 실시간 조회에 최적화되어 있습니다.
· 통합 실패는 곧 운영 장애이므로 반드시 구조적으로 설계해야 합니다.

실무 적용 패턴

패턴 1 ERP → Salesforce 고객 정보 연동

- ERP 기준 고객정보 → REST API로 Salesforce 업데이트
- Integration User + OAuth 사용

패턴 2 Salesforce → 마케팅 자동화 플랫폼 연동

- Salesforce에서 리드 데이터 Push
- Campaign Response 이벤트 동기화

패턴 3 External Object 기반 재고 조회

- ERP 재고 데이터 OData 기반 연결
- Salesforce 화면에서 실시간 재고 조회 가능

패턴 4 주문/계약 데이터 양방향 싱크

- Salesforce에서 주문 생성
- ERP에 반영
- ERP에서 변경된 계약 정보 다시 Salesforce 업데이트

패턴 5 API 호출량 증가 대비 Bulk API 도입

- 대량 데이터 처리 시 REST API → Bulk API 변환
- 대량 작업 효율 향상

운영 및 관리 관점의 팁

- Integration User는 무조건 별도로 생성해야 합니다.
- 모든 통합은 Named Credential 기반으로 보안 관리해야 합니다.
- Connected App은 "최소 권한" 원칙이 필수입니다.
- Event Monitoring 로그로 API 활동을 주기적으로 점검하세요.
- 통합 로직 변경 시 반드시 Sandbox에서 선 테스트 진행하세요.
- 통합 실패에 대비한 재시도·오류 처리 구조를 설계하세요.

통합은 단순 연결이 아니라 조직 전체 데이터 흐름을 안정적으로 유지하는 고급 운영 전략입니다.

실패 사례 / 주의사항

- 일반 사용자로 API를 호출하여 권한 오남용 발생
- OAuth 정책 설정 오류로 외부 시스템이 로그인 불가
- API 호출 Limit 초과로 자동화 실패
- External Object를 과도하게 사용해 성능 저하 발생
- 테스트 부족으로 Production 장애 발생
- Named Credential 없는 외부 API 호출로 보안 사고 발생

통합에서 가장 큰 리스크는 기술 부족이 아니라 보안·절차·검증 미흡입니다.

실무 사례

[사례]	제조기업의 ERP–Salesforce 고객 정보 통합
문제상황	· ERP와 Salesforce의 고객 정보 불일치 · 중복 고객 발생 · 영업팀이 최신 데이터 확인 불가
해결과정	· REST API 기반 양방향 동기화 · Integration User + Named Credential 구성 · Validation Rule + Flow로 데이터 보정
결과	· 데이터 오류 90% 감소 · 영업팀 업무 효율 증가 · ERP·CRM 데이터 완전 일치

1. ERP 고객정보를 Salesforce로 가져오는 REST API 구조를 설계하시오.

2. 외부 재고 데이터를 External Object로 연결하는 시나리오를 구성하시오.

Quiz

1. Connected App의 핵심 역할은?
   A. 화면 구성   B. 외부 시스템 인증   C. 보고서 필터링

2. External Object는 언제 사용하는가?
   A. 데이터 저장이 필요할 때   B. 외부 대량 데이터를 실시간 조회할 때   C. 자동화 목적일 때

3. Integration User 운영의 핵심 원칙은?
   A. 일반 사용자와 동일하게 설정
   B. 최소 권한 원칙
   C. 외부 시스템마다 새 계정 생성 금지

정답) 1. B / 2. B / 3. B

PART 5

실전 프로젝트 & 운영 시나리오

프로젝트 기반으로 운영 문제를 해결할 수 있습니다.

1장
신규 Salesforce 도입 프로젝트

기업이 Salesforce를 새롭게 도입할 때 대부분 다음과 같은 공통된 문제를 겪습니다.

- 현재 사용하는 시스템(ERP, Excel, 내부 DB)이 복잡해 데이터 구조가 불명확
- 조직마다 서로 다른 방식으로 영업·고객지원 프로세스를 운영
- 데이터 품질이 낮아 초기 마이그레이션부터 장애 발생
- 기존 시스템의 "나쁜 관행"을 그대로 Salesforce에 가져오려는 경향
- 요구사항이 너무 많아 우선순위 없이 시작하면 프로젝트가 무한 확장
- 사용자 교육 무시 → 정착(Adoption) 실패
- 개발자·관리자·사용자 간 의사소통 부족

Salesforce 도입의 목적은 단순히 시스템을 바꾸는 것이 아니라 조직의 일하는 방식을 표준화하고, 데이터 기반 의사결정을 가능하게 만드는 것입니다.

그러나 명확한 도입 절차와 로드맵 없이 시작하면 프로젝트는 일정 지연, 품질 저하, 사용자 불만으로 이어지며 결국 "Salesforce는 복잡하고 어렵다"는 인식을 만들게 됩니다.

이 Chapter는 Salesforce를 처음 도입하는 조직이 프로젝트를 성공시키기 위해 반드시 알아야 할 요구사항 정의 → 데이터 모델 → 권한 구조 → 자동화 설계의 전체 흐름을 다룬다.

개요

신규 Salesforce 도입 프로젝트는 다음 네 개의 핵심 구성 요소로 이루어집니다.

이 네 가지는 독립된 단계가 아니라 서로 영향을 주고 받으며 반복적으로 조정해야 합니다. 프로젝트 성공 여부는 이 4가지 요소를 얼마나 정확하고 현실적으로 설계했는지에 달려 있습니다.

핵심 개념 정리

1 요구사항 정의

요구사항 정의는 Salesforce 도입 프로젝트에서 가장 중요한 단계입니다. 잘못 수행하면 잘못된 데이터 모델·프로세스·자동화가 만들어지고 프로젝트 전체가 잘못된 방향으로 진행되게 됩니다.

핵심 요소

- 사용자 인터뷰
- 현행 업무 분석(As-Is 분석)
- 미래 프로세스 정의(To-Be 디자인)
- 프로젝트 범위 정의(Scope)
- 우선순위 정리(Must/Should/Could/Won't)

요구사항 정의의 목적

- Salesforce에서 꼭 구현해야 하는 핵심 기능을 식별
- 나중에 프로젝트가 확장되거나 복잡해지는 것을 방지
- 전체 조직의 업무 흐름을 똑같이 재현하는 것이 아니라 표준화된 프로세스를 만들기 위함

요구사항 정의는 단순히 이야기만 듣는 활동이 아니라 고객의 불명확한 요구를 구조화·정제하는 작업입니다.

2 데이터 모델 설계

데이터 모델은 Salesforce에서 다루는 모든 정보의 구조이며, 도입 프로젝트에서 반드시 가장 먼저 설계되어야 합니다.

핵심 요소

- 오브젝트(Object) 정의
- 필드(Field) 정의
- 관계(Relationship: Lookup vs Master-Detail)
- Record Type(레코드 유형)
- Page Layout 구조

좋은 데이터 모델의 특징

- 현재 업무 + 향후 확장까지 반영
- 불필요한 데이터 중복 없음
- 분석·보고서 작성이 쉽다
- 변경 시 충돌이 적다

데이터 모델은 프로젝트의 "뼈대"이며 좋은 모델 없이 성공적인 도입은 존재하지 않습니다.

3 권한 구조 설계

권한 구조는 사용자가 "무엇을 보고, 무엇을 할 수 있는가"를 정의하는 핵심 설계입니다.

핵심 요소

- Role Hierarchy(역할 계층)
- OWD(공유 기본 설정)
- Profile(프로필)
- Permission Set(사용자 권한 세트)
- Sharing Rule(공유 규칙)

설계 원칙

- 최소 권한 원칙
- 조직 구조 기반 Role Hierarchy
- 기능 기반 Permission Set
- 민감 데이터 접근 최소화

권한 구조 설계는 보안뿐 아니라 데이터 공유·협업·영업 운영 방식 전체에 영향을 줍니다.

④ 자동화 설계

자동화는 도입 프로젝트 후반에 설계되지만 그 중요성은 매우 높습니다.

핵심 도구

- Flow(플로)
- Approval Process(승인 프로세스)
- Assignment Rule(할당 규칙)
- Escalation Rule(에스컬레이션 규칙)
- Case Routing

설계 원칙

- Record-Triggered Flow 최소화
- Subflow 기반 구조
- 복잡한 계산은 Apex 도입 여부 검토
- 사용자 경험 개선(Screen Flow 활용)

자동화 설계는 "기능"보다 "안정성·확장성"을 중점으로 두어야 합니다.

설정 절차

신규 Salesforce 프로젝트는 아래 단계로 진행하는 것이 가장 안정적입니다.

1 Kick-off & 이해관계자 정의

- 프로젝트 목적 설정
- 조직의 Pain Point 정리
- 비즈니스 리더/IT팀/사용자 대표 선정

2 요구사항 분석 (As-Is → To-Be)

- 인터뷰 진행
- 현행 프로세스 정리
- Salesforce 적용 시 To-Be 프로세스 설계
- 요구사항 우선순위 결정

3 데이터 모델 설계

- 오브젝트 정의
- 필드·관계 설계
- Record Type 및 Page Layout 설계

4 권한 구조 설계

- Role Hierarchy 설계
- OWD 기반 접근 정책 설정
- Profile 최소화
- Permission Set 기반 권한 확장

5 자동화 설계

- Flow 중심 자동화 구성
- 승인 프로세스 필요 여부 판단
- 케이스 자동 배정 설계

6 개발 및 설정 구성

- Sandbox에서 모든 기능 구성
- 데이터 마이그레이션 준비
- UI/UX 개선

7 테스트 (QA/UAT)

- 기능 테스트
- 사용자 수용 테스트
- 통합 테스트

8 데이터 마이그레이션

- 데이터 정제
- 중복 제거
- Import/Export 도구(Data Loader 등) 활용

9 교육 및 온보딩

- 사용자 매뉴얼 제작
- 관리자 교육
- 실무자 워크숍

10 Go-Live & Hypercare

- 라이브 배포
- 초기 오류 대응
- 운영 체계 전환

요약

· Salesforce 도입 프로젝트는 요구사항→데이터 모델→권한→자동화 4단계가 핵심입니다.
· 도입 성공의 핵심은 기술이 아니라 요구사항 정리와 Change Management입니다.
· 데이터 모델은 프로젝트 전체 품질을 결정하는 기반입니다.
· 사용자 교육과 운영 설계 없이는 Salesforce 도입은 성공하기 어렵습니다.

실무 적용 패턴

패턴 1 영업 프로세스 표준화 프로젝트

- 리드→기회→계약 흐름 정리
- Record Type 기반 분리
- 자동화로 활동(Task) 생성

패턴 2 고객지원(Service Cloud) 초기 구축

- 케이스 분류
- Queue 설계
- Assignment Rule + Flow로 자동 배정

패턴 3 ERP–Salesforce 데이터 통합 포함 도입

- 고객·계약·제품 데이터 싱크
- Integration User + REST API 설계
- External Object 필요 여부 검토

패턴 4 B2B SaaS 회사의 빠른 도입

- 핵심 기능 중심(MVP) 도입
- User Onboarding을 우선순위로 구성
- Dashboard 기반 KPI 운영

패턴 5 글로벌 프로젝트의 단계적 롤아웃

- 국가별/지사별 순차적 도입
- 공통 데이터 모델 + 지역별 Record Type
- 단계적 자동화 확대

운영 및 관리 관점의 팁

- 도입 프로젝트는 기술보다 Change Management가 더 중요합니다.
- 요구사항은 반드시 정리·우선순위화해야 합니다.
- 데이터 모델은 향후 5년을 보고 설계해야 합니다.

- 권한 구조는 Role 최소화 + Permission Set 중심이 가장 안정적입니다.
- 자동화는 작동 여부보다 유지보수성을 우선 고려해야 합니다.
- 사용자 교육과 온보딩은 프로젝트 성공의 절반입니다.
- Go-Live 이후 Hypercare 기간 운영은 반드시 필요합니다.

실패 사례 / 주의사항

- 요구사항을 사용자 말 그대로 구현해 버리는 실수
- 데이터 모델 설계 없이 오브젝트/필드를 즉흥적으로 생성
- 권한 설계를 Profile 위주로 구성하여 확장성 부족
- Flow 과다 생성 및 충돌 발생
- 마이그레이션 데이터 정제 없이 Go-Live
- 교육/온보딩 부족으로 도입 실패

실패 프로젝트의 원인은 대부분 "기술 부족"이 아니라 설계 부족·조율 부족·정리 부족입니다.

실무 사례

[사례]	유통기업의 Salesforce 도입 프로젝트
문제상황	· 여러 시스템 간 고객 데이터 불일치 · 영업 프로세스가 지점별 제각각 · 보고 체계 부재
해결과정	· 요구사항 정의 및 표준 프로세스 정립 · 데이터 모델 재설계 · Role·Permission 기반 권한 구조 구축 · Flow 기반 영업 자동화 구성
결과	· 전국 영업 프로세스 표준화 · KPI 보고 체계 정립 · 시스템 신뢰도 향상

1. 귀사의 "리드→기회" 영업 흐름을 기반으로 To-Be 프로세스를 설계해보시오.

2. 신규 데이터 모델(오브젝트·필드·관계)을 ERD 형태로 작성하시오.

Quiz

1. Salesforce 도입 프로젝트에서 가장 중요한 첫 단계는?

   A. 자동화 설계　　　　　　B. 데이터 마이그레이션　　　　　　C. 요구사항 정의

2. 권한 구조 설계의 핵심 원칙은?

   A. Profile 최대 활용　　　　　　B. 최소 권한 원칙　　　　　　C. 모든 사용자 동일 권한

3. MVP 방식 도입의 장점은?

   A. 모든 기능을 한 번에 구현　　　B. 빠른 도입과 실패 위험 감소　　　C. 테스트 단계 생략 가능

정답) 1. C / 2. B / 3. B

2장
운영 개선 프로젝트 사례

Salesforce는 도입 이후가 더 중요합니다. 많은 기업들이 초기 구축을 성공적으로 마쳤음에도 다음과 같은 공통된 문제를 마주합니다.

- 데이터가 정리되지 않아 보고서 신뢰도가 떨어짐
- 역할(Role)·프로필(Profile)·권한(Sharing Rule)이 무질서하게 증가
- Flow가 누적되어 서로 충돌하거나 성능 저하 발생
- 사용자 피드백이 관리되지 않아 Adoption(정착) 실패
- 신규 프로세스가 계속 추가되면서 기존 구조가 무너짐
- 시스템이 복잡해져 관리자가 손대기 어려운 "블랙박스"가 됨

따라서 Salesforce 도입 프로젝트가 끝난 후에는 "운영 개선 프로젝트(Optimization Project)"가 반드시 필요합니다.

운영 개선은 단순한 유지보수가 아니라 데이터 품질 강화 → 권한 구조 정비 → 보고서·대시보드 최적화라는 전사적 운영 재설계 과정입니다.

개요

본 Chapter에서는 운영 조직이 가장 자주 수행하는 3가지 운영 개선 프로젝트 유형을 설명합니다.

1. 데이터 품질 개선
2. 권한 구조 재정비
3. 보고서·대시보드 최적화

이 세 가지는 서로 연결되어 있으며 Salesforce 운영 성숙도(Maturity)를 높이는 핵심 단계입니다.

핵심 개념 정리

1 데이터 품질 개선

데이터 품질은 Salesforce 운영의 기본입니다. 데이터가 정확하지 않으면 자동화, 보고서, 대시보드, 분석 모두 신뢰할 수 없습니다.

주요 데이터 품질 문제 유형

- 중복 레코드(Duplicates)
- 필수 필드 누락
- 포맷 불일치(예: 전화번호, 주소)
- 유효성 없는 데이터(예: 잘못된 날짜, 음수 금액)
- Ownership(소유자) 불일치
- 사용되지 않는 Picklist 값 누적

데이터 품질 개선 핵심 전략

- Duplicate Rule·Matching Rule 강화
- Validation Rule 정비
- 데이터 정제(Data Cleansing)
- 데이터 마이그레이션 기준 정립
- Flow 기반 입력 품질 강화(Screen Flow)
- 정기적 품질 점검 Dashboard 구축

데이터 품질 개선은 "한 번에 끝나는 업무"가 아니라 지속적·정기적으로 수행해야 하는 운영 전략입니다.

2 권한 구조 재정비

권한 구조는 Salesforce 보안·데이터 접근·업무 프로세스의 근간입니다. 도입 후 몇 년이 지나면 다음과 같은 문제가 누적됩니다.

- 사용하지 않는 Profile 다수

- Permission Set 중복
- Sharing Rule 비일관성
- Role 구조가 실제 조직도와 다름
- Integration User 권한이 과도함

권한 재정비 핵심 전략

- Profile 최소화
- Permission Set 기능 기반 분류
- Permission Set Group 도입
- Role 구조 현실화
- OWD(공유 기본 설정) 재검토
- Sharing Rule 간소화
- Integration User 최소 권한 원칙 재적용

권한 구조 개선은 보안 향상뿐 아니라 사용자 경험과 데이터 신뢰도를 높이는 핵심 활동입니다.

3 보고서·대시보드 최적화

보고서와 대시보드는 Salesforce 운영의 최종 산출물입니다. 운영이 잘 되고 있는지 판단하는 기준은 "한눈에 볼 수 있는 KPI 보고 체계가 있는가?"입니다.

흔한 문제점

- 보고서가 너무 많아 관리 불가
- 동일 보고서가 여러 버전 존재
- KPI에 불필요한 데이터 포함
- 대시보드가 복잡하고 이해하기 어려움
- 속도 느림(조인 불필요한 조건 사용)

개선 전략

- 보고서 통합(Report Rationalization)
- KPI 기준 재정의

- Joined Report 최소화
- Dashboard Filter 적극 활용
- 데이터 모델 개선과 연결
- 대시보드 기준 분기별로 정비

보고서 최적화는 관리자가 하는 일이 아니라 조직의 데이터 기반 의사결정 문화를 개선하는 중요한 과정입니다.

설정 절차

운영 개선 프로젝트는 다음 절차로 진행하는 것이 가장 효과적입니다.

1 운영 진단(Assessment)
- 데이터 품질 점검
- 권한 구조 분석
- 보고서/대시보드 현황 파악
- Flow/Validation Rule 검토
- 사용자 인터뷰

2 개선 방향성 정의
- KPI 기반
- 업무 목적 중심
- 운영 안정성·보안 우선
- 사용자 경험 개선

3 상세 개선 작업 수행
- Data Quality(데이터 품질)
  - 중복 제거
  - 필드 정비
  - Validation Rule 개선
  - Picklist 정리
- Security(보안·권한)

- Profile 통합
        - Permission Set 재구조화
        - Sharing Rule 정비
        - OWD 재설계
    • Reporting & Dashboard
        - 보고서 통합
        - 핵심 KPI 정의
        - 대시보드 구조 재편

4 테스트 및 사용자 검증

- QA 테스트
- 사용자 UAT(User Acceptance Test)
- KPI 검증

5 문서화 및 교육

- 권한 구조·데이터 모델 문서화
- 운영팀 교육
- 사용자 가이드 업데이트

6 운영 적용 및 모니터링

- Go-Live
- Error Log 모니터링
- 대시보드 점검
- 피드백 수집

요약

· 운영 개선 프로젝트는 데이터 품질·권한 구조·보고서 최적화가 핵심입니다.
· 데이터 품질이 좋아야 자동화/분석/보고서가 제대로 작동합니다.
· 권한 구조 정비는 보안뿐 아니라 운영 효율성을 개선합니다.
· 보고서·대시보드 최적화는 조직의 KPI 기반 의사결정을 강화합니다.

실무 적용 패턴

패턴 1 데이터 품질 정비 프로젝트

- CRM 데이터 중복 제거
- 전화번호·이메일 정규화
- Validation Rule 강화
- 품질 Scorecard Dashboard 생성

패턴 2 권한 구조 재설계 프로젝트

- Profile 15개 → 4개로 축소
- Permission Set Group 도입
- OWD 기반 재정비
- Integration User 최소 권한 재정립

패턴 3 보고서·대시보드 통합 프로젝트

- 300개 보고서 → 80개로 정리
- KPI 기준 맞춘 Dashboard 10개 재구축
- Joined Report 최소화
- 임원용 Dashboard 별도 구성

패턴 4 Flow 구조 개선 프로젝트

- Record-Triggered Flow 20개 → 5개로 통합
- Subflow 기반 구조 재편
- Loop·SOQL 개선

패턴 5 서비스 운영 정비 프로젝트

- Case Routing 재설계
- Queue 기준 업무 분류
- SLA 기반 자동화 구축

운영 및 관리 관점의 팁

- 운영 개선은 Salesforce 재구축이 아니라 구조적 정리 과정입니다.
- 데이터 품질 관리 → 권한 → 보고서 순으로 개선해야 효과가 가장 큽니다.
- Profile 최소화 + Permission Set Group 중심 운영이 장기적으로 가장 안전합니다.
- 대시보드는 KPI 중심으로 "보여주는 것"보다 "결정에 도움이 되는 것"을 목표로 합니다.
- 개선 작업마다 문서화·가이드 업데이트는 필수입니다.
- 운영 개선은 6개월~1년 주기 정기 프로젝트로 운영해야 합니다.

실패 사례 / 주의사항

- 데이터 품질을 개선하지 않고 보고서만 수정
- 사용자 요청에 따라 기능을 계속 추가하여 구조 복잡화
- Profile·Permission Set 중복 생성
- Flow 개수가 너무 많아 충돌 발생
- 운영팀 없이 Salesforce를 단독 관리
- KPI 없이 보고서만 과도하게 생성

운영 개선의 핵심은 "정리 → 구조화 → 표준화"입니다.

실무 사례

[사례]	글로벌 B2B 회사 운영 개선 프로젝트
문제상황	· 데이터 품질 저하 · Profile·Permission 복잡 · KPI 대시보드 신뢰도 낮음
해결과정	· 중복 제거·Validation Rule 정비 · 권한 구조 재설계(Profile → Permission Set 중심) · 보고서·대시보드 통합
결과	· KPI 정확도 향상 · 유지보수 비용 40% 감소 · 사용자 만족도 증가

1. 귀사의 Salesforce 데이터 중 검증이 필요한 필드를 선정하고 Validation Rule 개선안을 제시하시오.

2. 조직의 핵심 KPI 5개를 기준으로 신규 Dashboard 레이아웃을 설계하시오.

Quiz

1. 운영 개선 프로젝트의 첫 단계는?
   A. Flow 개선　　　　　　　B. 운영 진단　　　　　　C. 보고서 생성

2. 권한 구조 재정비의 핵심 원칙은?
   A. Profile 증설　　　　B. Permission Set Group 중심 구조　　　　C. 세부 Role 무제한 생성

3. 데이터 품질 개선 핵심 도구는?
   A. Record Type　　　　　　B. Validation Rule　　　　　　C. Dashboard Filter

정답) 1. C / 2. B / 3. B

3장
영업(Operation) 시나리오

많은 기업에서 Salesforce를 활용한 영업 운영이 실패하는 이유는 "도구의 부족"이 아니라 영업 프로세스가 표준화되지 않았기 때문입니다.

다음과 같은 문제들이 대표적입니다.
- 리드가 어느 시점에 영업기회로 전환되어야 하는지 기준이 없음
- 고객 정보가 여러 곳에서 중복 관리
- 거래 단계(Stage)가 조직마다 다르게 이해됨
- 영업팀 간 데이터 공유 기준이 모호
- 활동(Activity) 관리가 이루어지지 않아 고객 접점 이력 부족
- 예측(Forecast)이 정확하지 않아 경영진이 신뢰하지 못함

결국 영업 운영의 문제는 "데이터 입력" 문제가 아니라 프로세스·권한·공유·활동 관리가 구조적으로 정리되지 않은 문제입니다.

본 Chapter에서는 Salesforce에서 가장 핵심적인 영업 운영 구조인 Lead → Opportunity, 팀 공유, Activity 관리 전략을 실무 중심으로 정리합니다.

개요

본 Chapter는 영업 운영에 필요한 다음 세 가지 핵심 요소로 구성됩니다.

1. Lead(리드) → Opportunity(영업기회) 흐름 설계

2. 팀 공유 구조 설계

3. Activity(활동) 관리 전략

이 세 요소는 서로 연결되어 하나의 영업 운영 프로세스를 구성합니다. 즉, 리드가 영업기회로 전환되고, 팀과 공유되며, 활동 이력 기반으로 고객 접점이 관리되는 전체 흐름입니다.

핵심 개념 정리

1 Lead(리드) → Opportunity(영업기회) 흐름 설계

왜 중요한가?

- 리드가 '고객이 될 가능성'인지 '단순 문의'인지 구분
- 영업 활동을 어떤 기준으로 시작할지 결정
- 전환(Convert) 기준 명확화
- 영업 Funnel 분석 정확도 향상

올바른 Lead → Opportunity 구조의 핵심

1) 리드 자격 기준(Qualification Criteria) 정의 예: 예산(Budget), 의사결정권, 필요성, 일정(BANT 기준)

2) 전환 시 생성되는 요소 정의

- Account(계정)
- Contact(연락처)
- Opportunity(영업기회)

3) 중복 방지 로직 적용 Matching Rule로 동일 고객사 중복 생성 방지

4) 리드 분배 구조 설계

- Queue
- Assignment Rule
- Flow 자동 배정

5) Lead Source/캠페인 연동 마케팅 Funnel과 영업 Funnel을 연결하는 핵심

리드 관리가 표준화되면 영업기회 생성 기준이 명확해져 영업 성과 측정이 정확해집니다.

❷ 팀 공유 구조 설계

영업 조직에는 팀 단위 공유가 필수적입니다. 특히 B2B 기업에서는 다음 문제가 자주 발생합니다.

- 특정 영업사원이 계정(Account)을 독점
- 팀원이 고객 정보를 확인할 수 없어 협업 불가
- 상급 관리자가 전체 데이터를 확인하지 못함

팀 기반 공유 구조의 핵심 구성 요소

- Role Hierarchy(역할 계층): 보고 라인 기반 접근
- OWD(공유 기본 설정): Private(비공개) vs Public(Read/Write)
- Sharing Rule(공유 규칙): 팀 단위 공유
- Team 기능 활용
  - Account Team(계정 팀)
  - Opportunity Team(영업기회 팀)

좋은 팀 공유 구조의 특징

- 조직 구조와 동일하게 Role Hierarchy를 구성
- 팀 단위 공유 규칙을 최소 개수로 유지
- 팀원별 기여도/역할에 따라 읽기/수정 권한 구분
- 변경 시 전체 데이터 접근 영향도 분석

팀 공유는 단순히 권한을 주는 것이 아니라 영업의 협업 구조를 설계하는 핵심 운영 전략입니다.

❸ Activity(활동) 관리 전략

Activity(Task·Event)는 "고객 접점 이력"의 핵심 요소입니다. 많은 영업 문제는 Activity 관리가 이루어지지 않아 발생합니다.

활동 관리가 중요한 이유

- 영업사원의 Follow-up 기록
- 고객의 반응·상담 내용을 구조화

- 예측(Forecast) 정확도 상승
- 영업 관리자(Coach)가 팀의 히스토리 기반으로 지도 가능

Activity 관리 핵심 전략
- 최소 입력 규칙 정의(예: 주제/유형/결과 선택)
- 자동 Activity 생성(Flow)
- 템플릿 기반 Task 생성
- 이탈 방지: 최근 Activity 없는 계정 자동 알림
- Dashboard로 각 영업사원의 활동량 추적

Activity 관리는 CRM의 핵심이며 영업기회 성공률을 직접 결정합니다.

설정 절차

영업 운영 프로세스를 완성하기 위한 구성 절차는 다음과 같습니다.

1 리드 프로세스 설계
- Qualification 기준 정의
- Lead Status 단계 설정
- Assignment Rule 구성
- 리드 자동 배정 Flow 구축

2 전환(Convert) 구조 설계
- Account·Contact·Opportunity 생성 기준 정의
- Duplicate Rule 설정
- 필수 입력 필드 구성

3 영업기회(Opportunity) 구조 설계
- Stage 설계(표준화)
- Probability 설정
- KPI 기반 필드 구성

4 팀 공유 구조 설계

- Role Hierarchy 설정
- OWD 설정
- Sharing Rule 구성
- Account Team·Opportunity Team 적용

5 Activity 관리 체계 구축

- 필수 Activity 필드 정의
- 자동 Task 생성 Flow
- 최근 Activity 없는 계정 알림
- 활동 Dashboard 구축

6 테스트 및 승인

- 사용자별 권한 검증
- 리드→기회 전환 테스트
- 활동 기록 시나리오 검증

7 운영 적용

- 사용자 교육
- Adoption 모니터링
- KPI 보고서 정착

요약

- 영업 운영의 핵심은 Lead → Opportunity 전환 기준, 팀 기반 공유 구조, Activity 관리입니다.
- 리드 자격 기준과 기회 Stage 정의가 영업 Funnel의 품질을 결정합니다.
- 팀 기반 공유 구조는 협업을 위한 필수 구성 요소입니다.
- Activity 관리는 고객 접점 데이터를 축적하는 핵심 운영 전략입니다.

실무 적용 패턴

패턴 1 리드 자동 배정(Assignment Rule + Flow)
- 신규 리드 생성 시 지역·산업군 기준 자동 배정
- 일정 기간 미처리 시 재배정

패턴 2 팀 기반 영업기회 공유 구조
- Opportunity Team에 복수 담당자 지정
- 역할(Role) 기반 쓰기/읽기 권한 구분

패턴 3 활동 기반 Follow-up 자동화
- 기회(Stage 변경 시) Task 자동 생성
- Activity 없는 고객 자동 리마인더

패턴 4 마케팅·영업 Funnel 통합
- 캠페인 → 리드 → 기회 데이터 연결
- Lead Source 기반 ROI 분석

패턴 5 영업 KPI Dashboard 구축
- 리드 전환율
- 기회 단계별 파이프라인
- 활동량 대비 성과 분석

운영 및 관리 관점의 팁

- 리드→기회 전환 기준을 반드시 문서화해야 합니다.
- Role Hierarchy는 영업 조직 구조에 맞게 설계하고 자주 변경되지 않도록 합니다.
- Activity는 최소 입력 규칙을 강제하여 품질을 일관되게 유지합니다.
- 기회 Stage 정의는 1년에 한 번 이상 재검토합니다.
- 영업팀 교육은 초기 도입보다 운영 단계에서 더 중요합니다.
- 리드·기회 데이터는 정기적으로 품질 점검이 필요합니다.

- 리드 전환 기준이 없어 무분별한 기회 생성
- Stage 정의 없이 사용하여 예측 데이터 왜곡
- Account Team·Opportunity Team 미구축으로 협업 실패
- Activity 기록 부족으로 히스토리 기반 분석 불가
- Sharing Rule 과다 설정으로 운영 혼란
- 리드 중복 생성 문제 방치

영업 운영 실패의 대부분은 기준·정의·표준화 부재 때문입니다.

실무 사례

[사례]	IT 서비스 기업 영업 운영 체계 구축
문제상황	· 리드 관리 기준 부재 · 영업기회 Stage 제각각 · 활동 기록 부족
해결과정	· 리드 자격 기준 정립 · 기회 Stage 7단계 표준화 · 자동 Task 생성 Flow 구축 · 팀 기반 Sharing Rule 재설계
결과	· 전환율 20% 상승 · 기회 예측 정확도 향상 · 활동 기반 영업 문화 정착

1. 귀사 기준으로 리드 자격(Qualification) 기준을 5가지 정의하시오.

2. 기회 Stage를 6~8단계로 재설계하고 Probability를 설정하시오.

Quiz

1. 리드→기회 전환 시 생성되지 않는 항목은?
   A. Account   B. Contact   C. Case

2. 팀 기반 공유 구조 구성 요소는?
   A. Account Team   B. Record Type   C. Dashboard Filter

3. Activity 관리가 중요한 이유는?
   A. 보고서 정렬   B. 고객 접점 이력 확보   C. 권한 관리

정답) 1. C / 2. A / 3. B

4장
고객지원(Service) 시나리오

고객지원(Service) 조직은 단순히 고객 문의를 처리하는 부서가 아니라 브랜드 신뢰·고객 유지율·재구매율에 직접적인 영향을 주는 핵심 조직입니다.

그러나 많은 기업에서 고객지원 운영은 다음과 같은 문제를 가지고 있습니다.
- Case(케이스)가 어떤 기준으로 배정되는지 불명확
- 고객 문의 채널(전화·이메일·웹폼·SNS)이 서로 다른 시스템에 분산
- 문의 유형 분류 기준이 없어 케이스가 무작위로 쌓임
- SLA(Service Level Agreement) 준수 여부를 측정할 수 없음
- 상담 이력(Activity, Email, Note)이 통합되지 않아 고객 히스토리가 사라짐
- 에스컬레이션 기준이 없어 중요한 고객 문제가 늦게 처리됨
- 서비스 팀장의 Dashboards가 실질적 인사이트를 제공하지 못함

이 경우 "고객지원팀이 열심히 일하고 있는데도 고객은 불만족하는" 상황이 반복됩니다. Salesforce Service Cloud는 이러한 문제를 해결하기 위한 케이스관리 자동화·라우팅·서비스 콘솔·SLA 추적·지식관리 등을 제공합니다.

본 Chapter는 고객지원 운영에서 가장 핵심적인 3가지 요소를 다룹니다.
1. Case 프로세스 설계
2. 자동 응답·배정·승급(에스컬레이션) 구성
3. Service Console 운영

개요

고객지원(Service) 시나리오의 핵심 구성 요소는 다음 세 가지입니다.

1. Case(케이스) 프로세스 설계
2. 자동 응답·배정·승급
3. Service Console(서비스 콘솔) 운영

이 세 요소를 제대로 설계해야 고객지원팀은 효율적으로 일할 수 있으며 고객은 빠르고 정확한 응답을 경험하게 됩니다.

핵심 개념 정리

▉ Case(케이스) 프로세스 설계

Case는 고객 문의의 시작점이며 다음 요소들을 기준으로 프로세스를 설계해야 합니다.

1) Case Origin(문의 채널)

- Phone
- Email
- Web
- Chatbot
- Social

각 문의 채널별로 처리 방식이 달라질 수 있습니다.

2) Case Type / Category(유형·분류)

- 문의
- 장애
- 요청
- 불만
- 결제 관련
- 기술지원

명확한 분류는 SLA 추적과 팀 배정의 기초입니다.

3) Case Status(상태 단계)

일반적으로 다음과 같은 단계로 구성합니다.

- New
- Working
- Pending Customer
- Pending Internal
- Resolved
- Closed

Status는 고객과 내부 팀의 진행 상황을 나타내는 핵심 필드이며 대시보드·SLA·자동화와 깊게 연결됩니다.

4) SLA/Response Time 관리

- 첫 응답 시간(FRT: First Response Time)
- 해결 시간(Resolution Time)
- SLA 위반 Escalation(승급) 기준

5) 고객 히스토리 기반 처리

Case는 Account·Contact과 연결되며 이전 Case·Email 기록·Activity 기반으로 대응해야 합니다.

Case 프로세스는 "문의 처리 단계"가 아니라 고객 중심 문제 해결 흐름의 전체 구조를 의미합니다.

2 자동 응답·배정·승급

고객지원 운영에서 자동화는 선택이 아니라 필수입니다.

1) 자동 응답(Auto-Response Rule)

고객이 Case를 생성하면 즉시 자동 회신하여 "문의가 접수되었음"을 안내합니다.

- 신뢰감 제공
- 중복 문의 방지
- 문의 채널(Email/Web)에 필수적

2) 자동 배정(Assignment Rule)

Case를 어떤 기준으로 누구에게 보낼지를 정의합니다.

- 제품 종류
- 문의 유형
- 지역
- 우선순위

Assignment Rule은 Queue(대기열)와 함께 구성하여 팀별로 Case를 흐르게 하는 핵심 구조입니다.

3) 승급(Escalation Rule)

Case가 일정 시간 내 해결되지 않으면 자동으로 상급자나 다른 팀에 승급된다.

예)

- Priority = High이고 2시간 동안 업데이트 없음 → 팀장에게 알림
- VIP 고객 케이스 8시간 미처리 → 긴급 Queue로 이동

Case 자동화는 고객 서비스 SLA를 충족시키는 결정적 요소입니다.

❸ Service Console(서비스 콘솔) 운영

Service Console은 상담원의 업무 효율을 극적으로 높여주는 인터페이스입니다.

주요 특징

- 탭 기반 화면(여러 Case 동시에 처리)
- 관련 정보(Account/Contact/Case History) 한 화면 제공
- Knowledge Article(지식 문서) 연동
- Omni-Channel 기반 실시간 Work 배정 가능

왜 중요한가?

- 작업 전환(컨텍스트 스위칭)이 줄어듦
- 정보 탐색 시간이 단축됨
- 여러 케이스를 병렬 처리 가능
- 신규 상담원 온보딩 속도 크게 단축
- SLA 준수율 상승

Service Console은 단순 UI가 아니라 고객지원 생산성을 극대화하는 핵심 운영 툴입니다.

설정 절차

고객지원(Service) 운영을 효과적으로 구축하기 위한 설정 절차는 다음과 같습니다.

1 Case 프로세스 정의

- 문의 채널 Origin 결정
- Case Type·Sub-Type 정의
- Status 단계 구조화
- SLA 기준 확정

2 Queue 구성

- 제품/유형/지역별 Queue 구성
- 팀 인원 Assign

3 자동 응답(Auto-Response Rule) 설정

- Email Template 구성
- Origin별 응답 Rule 구성

4 Assignment Rule 설정

- 유형별/지역별/우선순위별 배정 기준 설정
- Queue와 연결

5 Escalation Rule(승급 규칙) 설정

- 시간 기준
- 우선순위 기준
- 특정 조건 기반 알림

6 Service Console 구성

- Console App 생성
- Highlights Panel
- Related List 구성
- Knowledge 연동

7 Omni-Channel(선택) 구성

- 상담원 상태(Available/Busy)
- Work Routing
- 대기열 기반 Case 분배

8 테스트 및 운영 전환

- 케이스 생성 테스트
- SLA 측정 검증
- 상담원 교육
- 운영 모니터링

요약

- 고객지원 운영의 핵심은 Case 프로세스, 자동화, Service Console 세 가지입니다.
- SLA 기반 자동 배정·승급은 고객 만족도를 결정하는 핵심 요소입니다.
- Service Console은 상담원 생산성을 극대화하는 운영 도구입니다.
- Case 구조가 명확해야 보고서·KPI 추적이 정확해집니다.

실무 적용 패턴

패턴 1 이메일 기반 고객 문의 자동 생성

- Email-to-Case 구성
- Auto-Response Rule로 즉시 회신
- Assignment Rule로 Queue 배정

패턴 2 VIP 고객 전용 승급 구조

- VIP 태그 기반 Escalation Rule
- 팀장 및 운영팀에 Slack/Email 알림

패턴 3 서비스 유형별 자동 배정

- 제품별 Queue
- Inquiry Type + Region 기반 라우팅

패턴 4 콘솔 기반 상담 효율화

- Knowledge 연동
- Macro(매크로) 기반 반복 업무 자동화
- 탭 기반 병렬 처리

패턴 5 SLA Dashboard 운영

- First Response Time
- SLA 위반 케이스
- 처리자별 생산성

운영 및 관리 관점의 팁

- 민원·장애·요청은 반드시 Case Type으로 분리하세요.
- SLA 기준을 문서화하고 경영진과 합의해야 조직 운영이 안정됩니다.
- Queue·Assignment Rule·Flow 간 충돌이 없는지 정기 점검이 필요합니다.
- Service Console은 상담원 관점에서 지속적으로 개선해야 합니다.
- 승급(Escalation)은 너무 많으면 운영팀 과부하가 발생하므로 핵심 이벤트만 설

정해야 합니다.

- 케이스 처리 히스토리는 향후 지식(Knowledge) 자산이 되므로 반드시 기록해야 합니다.

실패 사례 / 주의사항

- 모든 케이스를 단일 Queue로 운영
- SLA 기준 없이 상담원 개인 스타일로 처리
- Assignment Rule 충돌로 잘못된 팀에 배정
- Escalation Rule 과도 설정
- Service Console UI 복잡
- 케이스 분류 기준 부재로 보고서 오류

고객지원 운영의 실패 원인은 대부분 표준화되지 않은 프로세스와 불완전한 자동화에서 발생합니다.

실무 사례

[사례]	SaaS 기업의 서비스 체계 재정비
문제상황	·고객 문의 증가 ·배정 기준 부재 ·SLA 미준수 ·상담원 UI 복잡
해결과정	·Case Type·Status 재정립 ·Queue + Assignment Rule 구축 ·VIP Escalation Rule 적용 ·Service Console 최적화 ·Macro 기반 반복작업 자동화
결과	·응답 속도 30% 개선 ·SLA 준수율 90% 달성 ·상담원 처리량 증가 ·고객 만족도 상승

1. 귀사의 고객 문의 유형을 Type·Sub-Type 구조로 재정의해보시오.

2. SLA 기준에 따른 Escalation Rule을 2단계로 설계해보시오.

Quiz

1. Case 자동 배정의 핵심 구성 요소는?
   A. Queue + Assignment Rule　　　B. Workflow Rule　　　C. Lightning App Builder

2. SLA 준수를 위한 필수 기능은?
   A. List View　　　B. Escalation Rule　　　C. Tab 설정

3. Service Console의 주요 장점은?
   A. 단일 레코드만 처리 가능　　　B. 상담 효율과 정보 탐색 속도 향상　　　C. 관리자만 사용 가능

정답) 1. A / 2. B / 3. B

부록

Salesforce Administrator
레벨별 역량 평가표

초급(Beginner) Salesforce Administrator 역량
중급(Intermediate) Salesforce Administrator 역량
고급(Advanced) Salesforce Administrator 역량

Salesforce Administrator 역량

영역	수행 역량 정의
오브젝트·필드 구성	• Standard Object 필드 타입 식별 및 용도 설명 • Custom Object 생성(Label·API Name·Record Name) • Custom Field 생성(Text·Number·Date·Picklist·Lookup)
UI 구성 요소	• Page Layout 편집 • Compact Layout 구성 • Tab 생성 후 App에 추가
사용자 및 권한	• User 생성/비활성화 • Profile 복제 및 CRUD/FLS 설정 • Permission Set 생성 및 할당
데이터 품질 및 규칙	• Validation Rule 생성 및 테스트
자동화	• Record-Triggered Flow 작성(단일 필드 자동 업데이트)
분석·리포팅	• Summary Report 그룹화 • Dashboard 구성·차트 배치
데이터 관리	• Data Import Wizard 업로드 • Data Export Service로 백업

Salesforce Administrator 역량

영역	수행 역량 정의
보안·권한 모델	• OWD 설정 분석 • Role Hierarchy 설계 • Sharing Rule 구성 • Login IP·Login Hours 설정
데이터 모델링	• Lookup vs Master-Detail 선택 • Junction Object(N:N) 설계 • Schema Builder로 구조 시각화
프로세스·UI 분리	• Record Type 생성 • Page Layout 매핑 • Business Process 설정
Flow 자동화 설계	• Decision·Loop 구성 • Subflow 설계 • Flow Debug 활용
데이터 품질 관리	• Matching Rule·Duplicate Rule 구성
운영·배포	• Queue 생성·Assignment Rule 설정 • Change Set으로 배포
분석·리포팅	• Joined Report 구성 • Row-Level Formula 작성

Salesforce Administrator 역량

영역	수행 역량 정의
아키텍처 설계	• Object Model·Security Model 설계 • Master-Detail 제약 및 Roll-Up Summary 한계 해결
고급 보안·권한 운영	• Enterprise Territory Management 구성 • Permission Set Group 최적화
감사·보안 모니터링	• Field Audit Trail 활용 • Event Monitoring 분석
복합 자동화	• Validation Rule 생성 및 테스트• Flow Orchestration 설계 • Bulkification 전략
배포·환경 전략	• Metadata API·Change Set 이해 • Sandbox Strategy 수립(Dev→QA→UAT→Prod) • Release Calendar 운영
통합·API 활용	• REST API 호출(GET/POST) • Connected App 생성·OAuth 설정 • External Object·OData 구성
데이터 운영 전략	• 데이터 보존 정책 설계 • 데이터 품질 KPI 수립·운영